Нивхские сказки

니브흐인 이야기

차 례

동물 이야기

악령 이야기

바다 신 이야기

지혜롭고 용감한 니브흐인 이야기

동물 이야기

호랑이 무리를 구해 준 청년

어느 마을에 한 남자가 아들과 살고 있었다. 마을의 맨 윗집에는 남자의 여동생이 열여덟 살 된 아들과 살고 있었다. 어느 날 남자가 아들과 숲에 사냥을 하러 갔다. 가는 도중에 여동생의 집에 들러 여동생의 아들도 데리고 갔다. 세 사람이 함께 숲으로 갔다. 숲에 도착해 전나무 가지로 사냥을 하면서 지낼 움집을 만들고 흑담비 사냥을 위해 덫을 설치했다. 그곳에서 한 달 반 정도 머물렀지만 흑담비는 구경도 못 했다.

얼마의 시간이 더 흐른 어느 날 아침, 남자는 호랑이가 문 앞에 누워 있는 것을 보았다. 남자는 무서워서 집 밖을 나갈 수가 없었다. 이날은 아예 밖에 나가지 않았다. 물도 없고 장작도 없었다. 불은 피울 엄두도 못 내었다. 그렇게 밤을 지샜다. 다음 날 아침 남자가 말했다.

"호랑이 아저씨! 옆으로 비켜 주세요. 제게 길을 내 주세요. 저와 제 아들은 보내 주세요. 대신 제 조카는 남겨 놓을게요."

그 말을 들은 호랑이가 살짝 옆으로 비켜났다. 그러자 자신의 아들을 살그머니 깨워 옷을 입힌 뒤 함께 그곳을 달아났다. 여동생의 아들은 움집에 그대로 남겨졌다. 청년은 아무것도 모른 채 단잠을 자고 있었다. 움집을 빠져나간 두 사람은 뒤도 안 돌아보고 집으로 달려갔다. 잠에서 일어난 청년은 호랑이가 문을 가로막고 누워 있는 것을 보았다. 청년이 오랫동안 호랑이를 쳐다보면서 눈물을 뚝뚝 흘리며 애원했다.

"호랑이야! 제발 밖으로 나가게 해 줘. 내가 도망을 가 봤자 어디로 가겠니? 배도 고프고 똥도 싸고 싶단 말이야."

호랑이가 일어나서 살짝 옆으로 비켜 앉았다. 밖으로 나온 청년은 똥을 누고 장작을 패어 움집으로 가지고 가서 불을 지폈다. 호랑이는 원래 자리로 돌아가서 앉았다. 청년은 음식을 먹고 잠이 들었다. 꿈속에서 호랑이가 청년에게 말을 했다.

"내일 나와 함께 가자. 사자가 우리를 죽이려고 해. 이 사자는 이상해. 이 사자가 포효하면 우리 호랑이는 모두 죽어. 그런데 사자가 또 포효하면 우리 호랑이가 모두 다시 살아나. 사자가 밑도 끝도 없이 쉴 새 없이 포효하는 바람에 우리는 힘들어서 살 수가 없어. 네가 용감하단 사실을 우리는 알고 있어. 제발 이 사자를 죽여 줘."

아침에 일어난 청년은 죽을 끓여 먹었다.

"알았어, 호랑이야! 사자를 죽여 줄게. 그런데 길을 열어 줘! 창을 만들어 가야겠어."

호랑이가 옆으로 비켜났다. 청년은 도끼를 가지고 밖으로 나가 마른 낙엽송으로 창 여덟 자루를 만들었다. 철창은 원래 가지고 있었다. 청년이 말했다.

"자, 호랑이야! 가자!"

호랑이가 일어났다. 청년은 철창 한 자루와 나무창 여덟 자루를 들고 호랑이 등에 올라타 길을 떠났다. 한참을 가다 높은 산에 도착했는데 산 주위에는 호랑이들이 빼곡히 앉아 있었다. 청년이 호랑이 등에서 내려오자 호랑이들이 모두 일어나 청년에게 고개 숙여 인사를 했다. 청년은 산을 바라보았다. 동굴에서 사자가 나오더니 포효했다. 그러자 호랑이들이 모두 죽었다. 다시 한번 사자가 포효하자 호랑이들이 살아났다. 사자는 재미있다는 듯 시익 웃으면서 굴로 들어갔다.

청년은 먼저 철창을 땅에 꽂은 뒤 한 걸음 간격으로 나무창 여덟 자루를 모두 꽂으면서 사자 굴로 올라갔다. 사자를 불러내어 나무창 여덟 자루로 찌른 뒤 돌아서서 내려왔다. 화가 불같이 치솟은 사자가 청년의 뒤를 쫓아왔다. 청년이 아홉 번째에 철창으로 사자를 찌르자 사자는 그 자리에서 숨 한번 못 쉬고 그대로 죽었다.

모든 호랑이들이 청년에게 다가와 머리가 땅에 닿도록

인사를 했다. 청년을 이곳으로 데리고 왔던 호랑이가 청년을 움집으로 다시 데려다주었다. 움집에 머물면서 주변에 흑담비 덫을 설치했다. 무척 많은 흑담비를 잡았다. 얼마 후 집에 와서 흑담비를 팔아 큰 부자가 되었다.

은혜 갚은 호랑이

세 형제가 살았는데 모두 아내가 없었다. 둘째는 바다 동물 사냥을 했고 막내는 산짐승 사냥을 했다. 큰형은 바깥출입은 전혀 하지 않은 채 동생들을 위해 집안 살림에만 했다. 동생들의 옷이 너덜너덜해지면 다시 기웠고 동생들을 위해 음식을 장만했다. 큰형은 바다 쪽으로는 아예 한 번도 가 본 적이 없었다. 어느 날 큰형이 말했다.

"애들아, 오늘은 바닷가에 한번 나가 봐야겠어!"

형은 창만 가지고 나갔다. 동생들은 집에서 가슴 졸이며 형을 기다렸다. 어두워지자 형이 돌아왔다.

"바다 동물이 내 몸을 물어뜯어 온몸이 상처투성이가 되었어. 겨우 집에 돌아왔네. 죽는 줄 알았지 뭐야!"

동생들은 오랫동안 형의 상처를 치료했다. 이 일을 겪고도 며칠 뒤 형은 또 바닷가로 갔다. 동생들은 목이 빠지게 형을 기다렸지만 다음 날 아침이 될 때까지 돌아오지 않았다. 동생들은 형을 찾으러 나섰다. 오랫동안 찾아 헤맨 끝에 해변 중간에서 형의 흔적을 찾아냈다. 형에게 곰이 달려든 흔적이 계속 이어졌고 형이 창으로 곰을 때린 흔적도 있었다. 그뿐 아니라 형이 곰에게 발을 잡혀 질질 끌려간 흔적, 손을 잡혀 질질 끌려간 흔적도 있었다. 동생들이 해안가 구릉을 지나 초원에 가니 큰 창고가 세워져 있었고 그 옆에는 암곰이 늘어지게 자고 있었다. 막내가 창을 들고 가까이 가자 곰이 "후우우! 욱!" 하고 하품을 하면서 벌떡 일어나 막내에게 달려들었다. 막내는 펄쩍 뛰면서 창을 높이 들어 힘껏 던졌다. 창은 곰의 배에 그대로 꽂혔다. 곰은 그 자리에서 고꾸라지더니 땅에 세게 부딪혔다. 세상에 얼마나 아팠을까! 곰은 줄행랑을 쳤다. 창고를 열어 보니 형이 누워 있었다. 형을 데리고 나와 구릉 위에 올라가 담배를 피우고 숨을 돌리면서 고단한 인생을 탄식하고 있었다. 그때 어디에선가 "어흐흐흥! 어흐흐흥!" 하는 소리가 들렸다. 어흐흐흥! 어흐흐흥! 어흥! 소리가 하도 커서 귀가 멍멍해졌다. 난생처음 들어 보는, 아주 심하게 째지는 소리였다! 형이 말했다.

"얘들아, 이게 대체 무슨 소리야? 빨리 집에 가자!"

"기다려 봐! 이게 무슨 소리인지 형은 알아? 이건 호랑이가 어딘가 많이 아플 때 누군가에게 도움을 청하는 소리야. 사람들이 그렇게 이야기하는 걸 들었어. 내가 가서 보고 올게!"

형들은 화를 내면서 도와주지 말라고 했다. 막내는 형들의 말을 못 들은 척하고 활과 창을 들고 아래쪽 계곡으로 내려갔다. 세상에! 잔뜩 독이 오른 뱀이 호랑이의 배를 큰 전나무로 누르고 있었다. 막내는 활을 쏘기 쉬운 전나무 뒤로 가서 뱀을 죽였다. 호랑이가 걸어가다 말고 뒤를 돌아보면서 멈추었다. 호랑이는 이런 행동을 여러 번 반복했다. 호랑이가 무슨 신호를 보내고 있다는 생각에 막내는 호랑이의 뒤를 따라갔다. 오랫동안 걸어갔다. 벌거벗은 산 가운데 오니 큰 집이 한 채 있어 집 마당으로 들어갔다. 호랑이는 개를 묶어 두는 기둥 쪽으로 가더니 땅에 벌렁 드러누웠다. 그 순간 갑자기 요란하게 땅이 갈라지는 소리가 나더니 호랑이가 사람으로 변하는 것이 아닌가! 남자였다! 훤칠한 키에 얼굴은 무척 잘생겼으며 길게 늘어진 머리카락은 윤이 흐르고 있었다. 남자가 말했다.

"고맙습니다. 당신이 아니었다면 나는 집으로 돌아오지 못했을 겁니다!"

남자가 말을 마친 뒤 함께 집 안으로 들어갔다. 막내는 가운데 침대에 걸터앉으려 했다. 그런데 구석 침대에 앉아 있던 노인이 일어나 막내에게 와서 냄새를 맡아 보았다.

"고맙네! 자네가 아니었다면 내 아들은 죽었을 것이고 나는 아들을 다시는 못 보게 되었을 것이네! 그러니 값나가는 것들을 필요한 만큼 다 가지고 가게. 나를 데리고 가도 좋네. 무엇이든 말만 하게!"

노인의 옆에는 아름다운 아가씨가 앉아 있었다.

"저 아가씨를 원합니다!"

"내 딸이네! 데려가게!"

막내는 아가씨의 옆에 가서 앉았다. 그곳에서 꼬박 엿새를 보낸 뒤 아내와 함께 집으로 돌아왔다. 그들은 부자가 되었다. 형제가 사는 마을 인근의 산에는 동물이 곳곳에서 뛰어다녔다. 그야말로 온 천지가 동물로 가득 찼다.

얼룩무늬 다람쥐, 꿩, 곰

태양이 내리쬐는 여름날, 아침 일찍 숲에 가게 되면 나무 가장자리를 조심스럽게 지나가야 한다. 종종 나뭇가지 위에 얼룩무늬 다람쥐가 앉아 있기 때문이다. 등 위에서 털이 복슬복슬한 꼬리가 살랑거리고 다리에는 솔방울을 쥐고 있다. 얼룩무늬 다람쥐는 솔방울을 입에 문 채 나뭇가지를 뛰어다니면서 기분 좋게 휘파람을 분다. 잠시 후 믿음직한 친구 꿩이 긴 부리에 솔방울을 물고 얼룩무늬 다람쥐를 찾아와 솔방울을 건네준 뒤 다시 솔방울을 가지러 날아간다.

얼룩무늬 다람쥐가 솔방울에 정신이 팔려 있을 때 살그머니 옆에 가서 보면 갈색 등에 찍힌 검은 줄 다섯 개를 볼 수 있다. 전에 얼룩무늬 다람쥐는 몸 전체가 갈색이었고 혼자 살았으며 체구가 작고 약해 모든 동물들이 무시했다. 담비와 여우라는 녀석들조차 얼룩무늬 다람쥐를 잡아먹으려 했다.

얼룩무늬 다람쥐는 이런 모욕감을 참고 견디다 어느 날 큰 결심을 했다.

'도저히 참을 수가 없어! 힘이 세고 덩치가 큰 친구를 사귀어야겠어! 그러면 모두 나를 무서워할 거야.'

얼룩무늬 다람쥐는 그런 친구를 찾아 나뭇가지 사이를 뛰어다니다 도토리나무 숲이 있어 그리로 달려가 나무 사이를 들여다보았다. 곰이 쿨쿨 자고 있었다. 얼룩무늬 다람쥐가 곰의 귀를 잡아당겨 잠을 깨웠다. 곰은 아주 기분 나쁘다는 듯 고래고래 소리를 질렀다.

"얼룩무늬 다람쥐야! 왜 그래?"

"곰아! 나랑 친구하자!"

"내가 왜?"

"둘이 있으면 더 좋을 것 같아. 너는 크지만 둔하잖아. 나는 작지만 민첩하잖아. 네가 자고 있을 때 내가 망을 봐 줄게. 갑자기 위험한 상황이 발생할 수도 있잖아."

"나는 아무것도 두렵지 않아!"

"그럼 같이 도토리나 줍자."

곰은 귀찮다는 듯 큰 머리와 귀를 쳐들었는데 머리가 얼룩무늬 다람쥐보다 더 컸다.

"도토리라고 그랬니?"

"그래, 도토리. 그게 싫으면 같이 열매를 따러 다닐까?"

"열매라고 그랬니?"

"그래, 열매. 그게 싫으면 개미를 잡으러 다닐까?"

"으응, 개미라고 그랬니?"

곰이 일어나 앉으면서 말했다.

"도토리, 열매, 개미라고 그랬니?"

"그래, 같이 도토리, 열매, 개미를 찾아다니자."

"좋아. 아주 마음에 들어! 너랑 친구 해 줄게."

얼룩무늬 다람쥐에게 친구가 생겼다. 그것도 아주 크고 힘센 친구가. 이제 얼룩무늬 다람쥐는 무서운 것이 없어졌다. 민첩한 얼룩무늬 다람쥐는 열매가 많은 들판과 도토리가 넘쳐 나는 숲을 금방 찾아냈다. 곰은 먹을 줄만 알았다. 곧 곰은 살이 포동포동하게 올랐다. 곰의 걸음은 점점 더 느려졌다. 곰은 전보다 더 많이 쉬었고 더 자주 명령을 했다. "이봐, 얼룩무늬 다람쥐! 월귤나무 좀 가져와!" 또는 "이봐, 얼룩무늬 다람쥐! 등 좀 긁어 줘!"라고 말이다.

가을이 되었다. 조금 지나면 춥고 기나긴 겨울이 본격적으로 시작될 것이다. 얼룩무늬 다람쥐는 불안해지기 시작했다.

"이봐, 곰! 내 말 좀 들어 봐. 곧 겨울이야. 겨울 식량을 마련해야 돼."

"얼룩무늬 다람쥐야, 네가 준비해."

곰은 이리 뒹굴, 저리 뒹굴 누워서 몸을 비비적거렸다. 얼룩무늬 다람쥐 혼자 이리 뛰고 저리 뛰면서 겨울 식량을 준비했고 곰은 굴에 누워 다리를 베고 잠이 들었다. 곰은 한 달 내내 잠만 잤다. 그러다 갑자기 일어나 얼룩무늬 다람쥐에게 말했다.

"친구야, 도토리 좀 줘. 배가 너무 고파."

곰은 얼룩무늬 다람쥐의 도토리도, 열매도 남김없이 모두 먹어 치웠다. 덕분에 얼룩무늬 다람쥐는 봄이 될 때까지 배를 곯았다. 눈이 녹자 곰이 잠에서 깨어나 기분 좋게 기지개를 펴고 얼룩무늬 다람쥐를 추켜세웠다.

"친구야! 둘이 있으니 정말 좋구나! 덕분에 겨울을 잘 보냈어. 얼룩무늬 다람쥐야! 너는 몸집은 작지만 정말 현명하고 지혜로워."

곰은 대견하고 기특하다며 발바닥으로 얼룩무늬 다람쥐의 등을 어루만졌다. 그 바람에 얼룩무늬 다람쥐의 등에는 곰과의 우정을 상징하는 까만 줄 다섯 개가 생겼다. 곰은 굴에서 나가자마자 작은 친구에 대해서는 까맣게 잊어버렸다. 주위에 달콤한 뿌리들이 널려 있었다. 곰은 온 숲을 돌아다니면서 힘센 발로 여기저기 파헤치며 아주 맛있게 먹기만 했다. 얼룩무늬 다람쥐는 굴 밖으로 나갈 힘도 없었다. 그래도 살아야 하니까 겨우 굴 밖으로 기어 나와 오랫동안 햇빛을 받으면서 마른풀 위에 누워 있었다. 아! 가여운 얼룩무늬 다람쥐!

바로 그때 숲에서 겨울을 보낸 꿩이 날아왔다. 꿩도 지금 참 힘든 시간을 보내고 있다. 눈이 도토리를 숨겨 버린 데다 꿩은 겨울 식량 모아 두는 방법을 몰랐다. 꿩은 어디에선가 솔방울을 발견해 부리에 물고 왔다. 꿩은 얼룩무늬 다람쥐가 불쌍하고 애처로웠다. 자신도 배가 고팠지만 도토리를 얼룩무늬 다람쥐에게 주었다. 도토리 하나를 먹자 얼룩무늬 다람쥐의 목이 튼튼해졌다. 하나를 더 먹자 등이 튼튼해졌고 세 개를 먹으니 다리가 튼튼해졌다. 꿩이 준 도토리를 다 먹고 나니 드디어 걸어 다닐 수 있을 것 같았다. 얼룩무늬 다람쥐는 숲으로 가서 나무와 나무 사이, 나뭇가지 사이를 뛰어다녔다. 나무 그루터기나 쓰러져 있는 나무 아래쪽 구멍을 들여다보니 묵은 도토리가 쌓여 있었다. 자기도 먹고 꿩에게도 나눠 주었다. 그때부터 작은 산짐승인 얼룩무늬 다람쥐와 날짐승인 꿩은 친구가 되었다.

가을이 되어 도토리가 영글면 꿩이 숲을 돌아다니면서 솔방울을 모아 온다. 그러면 얼룩무늬 다람쥐는 그걸 까서 자신과 꿩의 겨울 식량으로 비축한다. 담비와 여우는 얼룩무늬 다람쥐가 곰과 더 이상 친하게 지내지 않는다는 소문을 듣고 뛸 듯이 기뻤다. 잡아먹기로 마음먹었다. 그런데 마음대로 되지 않았다. 아무 소리도 내지 않고 살금살금 다가가도 예리한 눈을 가진 꿩이 소리를 질렀고 얼룩무늬 다람쥐는 그 순간 재빨리 도망을 갔다. 또 누군가 꿩을 습격하면 민첩한 얼룩무늬 다람쥐가 이빨로 목을 물어뜯었다. 작은 친구들은 서로를 적의 공격에서 보호해 주었다. 곰에게 이제 좋은 시절은 다 끝났다. 배고픔에서 구해 줄 예비 식량도 없다. 곰도 알고 있다. 겨울 내내 발만 빨고 있어야 한다는 사실을.

바다표범과 넙치

북쪽 오호츠크해로부터 모래 여울 때문에 따로 분리된, 하상이 깊은 석호가 있었다. 바닷물은 밀물이 되면 밀려왔고, 썰물이 되면 좁은 해협을 지나 바다로 돌아갔다. 석호에는 하상에서부터 서쪽으로 펼쳐진 넓고 얕은 여울이 있었다. 이 여울은 점차 완만한 기슭으로 변해 갔고 바다풀이 파릇파릇 모습을 드러냈다.

이곳에서 깊은 바다로 시선을 옮기면 바다표범의 둥글고 검은 머리를 볼 수 있다. 바다표범은 머리를 좌우로 돌리면서 눈을 반짝이는데 마치 누군가를 찾는 것 같다. 바다표범은 오랫동안 그러다가 다시 바다 깊은 곳으로 들어가지만 곧 다시 물 위로 올라와서 머리를 좌우로 돌리며 눈을 반짝거린다.

먼 옛날 별은 넙치와 비슷했다. 별은 이게 영 마음에 들지 않았다. 이는 넙치도 마찬가지였다. 넙치도 별과 비슷하게 생겼다는 사실을 받아들일 수가 없었다. 별을 닮기 싫은 넙치는 이에 대해 누군가의 조언을 듣고 싶어 바다로 갔다. 대구를 만났다.

"대구야! 너는 먼바다에서 왔으니 거센 파도도 무섭지 않지? 너는 많은 것을 보았을 테니 내게 말을 해 봐. 나는 별과 비슷하게 생긴 게 싫어. 어떻게 해야 하니?"

이런 질문을 이제껏 한 번도 들어 본 적이 없는 대구는 무척 놀랐다. 대구는 고개를 가로젓고 가는 꼬리를 흔들면서 바다 밑으로 떠났다. 넙치는 황어도 찾아가 보고 연어도 찾아가 봤지만 아무런 도움이 되지 않았다. 그때 바다표범이 말했다.

"너를 도와줄게. 단 조건이 있어. 너도 나를 도와줘야 해."

"그거야 당연하지! 도와주고말고!"

넙치는 날아갈 듯 기뻤다. 한달음에 바다표범에게 가서 지느러미로 그의 콧수염을 어루만졌다. 이미 오래전의 일이지만 그때부터 바다표범은 까만색이 되었고 멀리 떨어진 얼음 위에 있어도 금방 눈에 띄었다. 그래서 바다표범에게는 적이 많다. 곰, 독수리, 여우 등. 바다표범은 진흙으로 넙치를 문질렀다. 오랫동안 지극정성으로 아주 열심히 문질렀다. 얼마나 열심히 했는지 코에서 식식 김 나오는 소리가 들렸다. 바다표범은 넙치의 꼬리에는 북극광의 부채를 가져다 붙였고 지느러미에는 여름 바다 위에 떨어지는 고요한 석양의 색을 칠했다.

넙치는 자신의 모습에 도취되었다. 아무리 봐도 싫증이 나지 않았다. 이쪽으로도 돌아보고 저쪽으로도 돌아보고 물

밑으로 내려가 보고 파도를 타고 날아도 보았다. 바다표범은 넙치가 진정을 하고 마음을 가라앉히기만 눈이 빠지게 기다렸다.

"이제 네가 나를 도와줄 차례야. 나는 까만색이어서 얼음 위에 앉아 있으면 멀리서도 너무 잘 보여. 내가 얼음 위나 기슭에 있어도 잘 보이지 않게 흰색으로 만들어 줘."

"알았어. 금방 해 줄게. 이런 일은 식은 죽 먹기지 뭐."

넙치는 바다표범에게 흰색 진흙을 발랐다. 그런데 넙치는 바다표범만큼 열심히 하지 않았다. 게다가 넙치는 빨리 부모 형제와 친구들에게 멋지게 변한 자신의 모습을 보여주고 싶었다. 넙치는 점만 몇 개 찍고 그만두었다.

"어휴, 휴! 너무 피곤해!"

"그럼 잠시 쉬어!"

바다표범은 넙치의 말에 충분히 공감했다. 이 말을 들은 넙치는 그대로 몸을 돌려 바다표범을 떠나려 했다.

"어디 가려고?"

바다표범이 넙치를 잡았다. 넙치가 지느러미로 바다표범을 세게 쳤는데 바다표범에게는 넙치의 편평한 등만 보였다. 지금 바다표범의 모습은 너무 화려해 얼음에도 강기슭에도 숨을 수가 없다. 얼음 위에서는 검은 점이, 강기슭에서는 흰 점이 바다표범을 두드러져 보이게 한다.

“앗! 어쩌지!”

바다표범은 심히 당황해 넙치의 뒤를 쫓아갔다. 추격전은 오랫동안 이어졌다. 바다표범은 거짓말쟁이 넙치를 잡으려고 입을 크게 벌렸다. 넙치는 교묘하게 피해 다녔다. 그때 화가 머리끝까지 치솟은 바다표범은 굵은 바다 모래를 한 줌 쥐어 넙치에게 냅다 던졌다. 그 순간 넙치에게 사마귀를 닮은 뻣뻣한 가시가 생겨났다.

그로부터 많은 시간이 지났다. 하지만 아직까지 바다표범과 넙치는 적대적이다. 넙치는 화가 난 바다표범을 피해 얕은 물의 풀 속에 숨는다. 또는 석호 바닥에 누워 진흙으로 덮어 자신을 보이지 않게 한다. 점박이 바다표범은 바닥까지 내려가서 넙치를 찾지만 결국 찾지 못한 채 물 위로 올라와 머리를 좌우로 돌리면서 살펴본다.

어부의 아내가 된 흰 바다표범

필라니 계곡에 두 어부가 집을 지었다. 한 어부는 가난했고 한 어부는 부자였다. 가난한 어부는 니브흐인의 풍습을 지키면서 다른 사람들과 비슷하게 살았다. 손님이 찾아오면 음식을 대접했고 잠을 재워 주었으며 담배도 주었다. 부자 어부는 인색했다. 생선 꼬리도 누구에게 주는 법이 없었다. 모든 것을 자신을 위해 아꼈고 자신의 배에 많은 것을 쑤셔 넣었다.

가난한 어부가 어느 날 대구를 잡으러 갔다. 배에 앉아 낚싯대를 던졌다. 아침에도, 오후에도 물고기는 얼씬도 하지 않았다. 저녁 어스름에 작은 물고기 한 마리를 잡았다.

"좋아! 이게 어디야!"

배를 해변에 대 놓고 집으로 가려는데 배가 고파 다리가 휘청거렸다. 그런데 앞에서 바다표범이 오고 있었다. 어부는 막대를 들고 바위 뒤에 숨었다. 바다표범은 해변으로 올라왔다. 바다표범에게 달려간 어부는 너무 놀랐다. 다른 바다표범과는 달라도 너무 달랐기 때문이다. 눈을 닮은 듯 온몸이 흰색이었다.

바다표범은 누워서 힘겹게 숨을 몰아쉬고 있었다. 옆구

리에는 상처가 있었다. 어부는 바다표범이 불쌍했다. 바다표범에게 물고기를 주었다. 물고기를 먹은 바다표범은 어부의 눈앞에서 생기를 되찾아 갔다. 물고기를 다 먹자 거짓말같이 상처가 씻은 듯이 사라졌다. 그리고 물속으로 들어가 앞발로 물을 치자 물거품이 사방으로 흩어졌다. 희한한 광경에 놀란 어부는 눈을 비비고 다시 보았는데 더 놀라운 광경이 펼쳐졌다. 바다표범이 있던 자리에 모랫길이 생긴 것이다. 모랫길을 따라 걸어갔다. 걸을 때 좀 두려웠다. 사실 오른쪽도 바다, 왼쪽도 바다기 때문이었다. 갑자기 길로 물이 밀려오기라도 하면? 그래도 좋다! 어부는 따라가 보기로 했다. 길의 끝에 이르렀다. 길은 어떤 집의 지붕 위에 닿아 있었다. 어부는 재미있는 광경에 크게 웃으면서 굴뚝 안을 들여다보았다. 집은 컸으며 난로 옆 침대에는 노인이 앉아 있었다. 누가 온 것을 눈치챈 노인은 들어오라고 손짓을 했다. 어부는 밑으로 내려갔다. 다름 아닌 바다 신 톨리증이 아닌가! 바다 신은 담배 파이프를 내려놓고 말했다.

"자네가 오늘 흰 바다표범을 구해 주었어. 바로 내 딸이야. 딸아이가 바다에서 놀다가 덫에 걸려 상처를 입었지. 자네가 아니었다면 그 아이는 죽었을 거야. 감사의 표시로 딸을 자네의 아내로 주겠네."

바다 신이 손을 흔들자 많은 바다표범이 우르르 집으로

들어왔다. 그런데 조금 전에 어부가 봤던 것처럼 모두 흰색이었다. 그때 바다표범 한 마리가 아가씨로 변해 바다표범 가죽을 손에 들고 아버지에게 다가갔다.

"그 가죽을 가지고 이 사람을 따라가서 이 사람의 아내가 되어라. 함께 물고기를 잡고 아이도 낳아라."

아가씨는 아버지의 말을 고분고분 따랐고 어부와 함께 마을로 왔다. 그들은 행복했다. 남편이 연어를 잡으러 갈 때면 아내도 함께 갔다. 남편이 어망을 던지면 아내는 바다표범 가죽을 입고 바다표범으로 변한 뒤 바닷속에 들어가 물고기를 쫓았다. 아내는 남편의 어망 속으로 무척 많은 물고기를 몰아넣었다. 겨울 내내 먹고도 남을 만큼 충분한 양이었다.

사람들은 어부의 그런 행운에 질투를 했는데 부자 어부의 정도는 훨씬 심했다. 부자 어부는 생각했다.

'내게도 저런 행운이 찾아와야 할 텐데….'

부자 어부는 옆집에 아무도 없을 때 바다표범 가죽을 훔친 뒤 서둘러 바닷가로 가서 가죽을 입었다. 바다표범이 되고 싶었다. 물속으로 들어갔다. 그런데 가죽은 가죽일 뿐! 그는 바다표범으로 변할 수가 없었다. 도와 달라고 소리를 치고 싶었지만 주위에는 아무도 없었다. 누가 도와주겠는가? 아직 부자 어부는 밑으로 가라앉지는 않았다. 몸에 워낙 많이 쌓인 지방이 부표 역할을 하면서 파도 위를 넘실거렸다. 부자 어부는 오랫동안 파도를 떠다니다 바다의 악령인 치하루시가 되었다. 치하루시는 몸은 짧고 팔다리는 길며 머리는 없고 눈은 가슴에 박혀 있는데 눈에서는 항상 불이 타오른다. 사람들은 치하루시를 보기만 해도 그 자리에서 죽어 버린다. 그를 이길 수 있는 사람이 있다는 말을 들어 본 적이 없다.

어느 날 치하루시가 몰래 어부의 집으로 갔다. 어부의 아내는 아이를 안아 재우고 있었다. 악령은 참으로 기뻤다.

'지금 여인과 아이를 물속으로 끌고 가야겠다.'

바다 악령을 발견한 남편이 손에 무언가를 들고 악령에게 달려들었다. 치하루시는 땅에 고꾸라지면서 산산조각 났다.

지금 치하루시는 바다에 살고 있다. 이제 사람들은 치하루시에게서 벗어나는 방법을 알고 있다. 물고기를 잡으러 갈 때 토끼 가죽이나 토끼 꼬리를 가지고 가면 된다. 치하루시가 사람을 유혹할 때 이것을 보여 주면 지레 겁을 먹고 물속으로 숨어 버린다.

해표 아가씨를 사랑한 청년

남매가 있었다. 남동생은 어렸다. 누나는 활, 화살, 창을 만들어 남동생에게 창 다루는 법, 궤적을 향해 화살 쏘는 법을 가르쳤다. 남동생은 누나가 가르치는 것을 잘 따라 배웠다. 드디어 남동생은 타이가[1]로 사냥을 나가도 될 만큼 부쩍 자랐다.

어느 날부터인가 남동생은 동물 사냥을 다녔고 물고기잡이를 나갔다. 누나는 집안일을 했고 열매를 따러 다녔으며 맛있는 음식을 만들어 동생에게 주었다. 세월이 흘러 동생은 어엿한 청년이 되었다. 어느 날 타이가를 걷던 동생은 우연히 곰 굴에 가게 되었다. 안쪽을 들여다보니 불 위에 큰 쇠솥 두 개가 걸려 있었다. 솥에서 물이 끓으면서 김이 모락모락 피어났다. 동생은 곰 굴 근처에 앉아 풀을 뜯으면서 아련하게 바다를 바라보았다. 그때 해표 두 마리가 설핏설핏 해변으로 오고 있었다. 꼬리지느러미를 이쪽저쪽으로 흔들고 머리를 위아래로 올렸다 내렸다 하면서 해변으로 기어 나오더니 해표 가죽을 벗고 아가씨로 변한 뒤 곰 굴로 올라와 옷

---

1) 타이가 : 북반구의 냉대 기후 지역에 나타나는 침엽수림이다.

을 벗고 씻었다.

청년은 곰 굴 근처에서 들키지 않게 풀숲에 숨어 아가씨들을 지켜보았다. 청년은 그중 한 아가씨가 무척 마음에 들어 해변으로 내려가 그 아가씨의 가죽을 숨겼다. 해가 저물어 가자 아가씨들은 서둘러 집으로 돌아갈 준비를 하면서 해변에 와서 가죽을 찾았다. 앗! 그런데 어쩌나! 가죽이 없어진 것이 아닌가! 가죽을 찾은 아가씨는 서둘러 옷을 입고 바다로 들어가더니 이내 모습을 감추었다. 홀로 해변에 남겨진 아가씨의 큰 눈에서 눈물이 강물처럼 쏟아졌는데 눈물을 닦을 생각도 하지 않았다. 그 순간 청년이 아가씨에게 다가가서 말했다.

"나와 결혼해 주오. 그러면 가죽을 돌려주겠소."

아가씨는 그렇게 하겠다고 했다. 하지만 먼저 집에 가서 부모님께 말씀을 드리고 와야 한다고 했다. 청년은 그렇게 하라며 아가씨에게 가죽을 내주었다. 태양이 뉘엿뉘엿 저물고 있었다. 청년은 아가씨를 보내 주었고 아가씨는 청년에게 다시 돌아오겠다는 약속을 남기고 떠났다. 그 뒤 청년은 장작을 가지고 서둘러 누나에게 갔다. 집에 도착하자 동생의 행적을 이미 알고 있던 누나가 화가 나서 퉁명스럽게 말했다.

"이렇게 늦게까지 어디에 있었어? 이제는 장작도 떨어졌고 생선도 없단 말이야."

누나의 말을 들은 청년의 머릿속에는 빨리 장작을 더 구해 놓고 바다로 가야겠다는 생각뿐이었다. 다음 날 아직 어스름이 걷히기도 전인 아주 이른 아침 동생은 장작을 구하러 갔다. 동생의 모습이 보이지 않자 누나는 창고에 있는 동생의 작살을 들고 동생처럼 머리를 한 가닥으로 땋고 바닷가에 가서 숨어 있었다. 잠시 후 등에 검은 점이 아름답게 흩뿌려진 해표가 헤엄을 치면서 해변으로 다가왔다. 그 순간 누나가 소리를 지르면서 해표를 향해 작살을 힘차게 던졌고 작살은 해표의 몸에 가서 그대로 꽂혔다.

"아! 아! 악!"

해표와 누나의 팽팽한 줄다리기가 시작되었다. 해표가 작살의 줄을 끌어당기면 누나가 물속으로 끌려갔고 누나가 작살의 줄을 끌어당기면 해표가 해변으로 끌려 나와 바닥에 몸을 쭉 뻗고 누웠다. 이렇게 둘이 밀고 당기는 힘겨루기를 하는 사이 줄이 끊어졌다. 물속으로 들어간 해표가 머리를 물 위로 내밀고는 말했다.

"동생처럼 꾸미고 나왔군!"

그 말을 끝으로 해표는 먼바다로 떠났다. 누나는 급히 집으로 달려와서 녹슨 작살을 찾아 자루에 꽂아 넣고 끈으로 묶은 뒤 머리를 풀어 양 갈래로 땋았다. 동생이 돌아왔다.

"이게 뭐야? 내 옷이 피로 물들었네? 자루에 꽂힌 것도 다른 작살 같은데?"

"으응! 별일 아니야. 개들이 심하게 짖어 대서 가만 보니 곰이 왔더라. 창고에서 작살을 꺼내 와 찌르고 싸우다 줄이 끊어졌어. 그래서 다른 작살을 넣어 둔 거야. 그런데 그때 비가 내려서 네 옷을 잠깐 입고 있었어."

동생은 누나의 말이 영 이상하고 꺼림직했다. 해변으로 달려간 동생은 모래 위에 선명하게 남은 핏자국을 볼 수 있었다. 넋을 잃고 오랫동안 나무 그루터기에 앉아 있었다. 얼마 뒤 어린 바다표범 두 마리가 먼바다에서 해변으로 오고 있었다. 청년은 바다표범들이 나누는 이야기를 들었다.

"큰언니가 약혼자에게 말해 달라고 했어. 나무로 넙치 모양의 잔을 만들어 모스[2])를 넣어 두면 언니가 나을 수 있다고. 정말 그러면 언니가 나을 수 있을까?"

"조용히 해! 다 쓸데없는 말이야!"

들키지 않으려고 숨죽이고 앉아 있던 청년이 아가씨들에게 다가가 물었다.

---

2) 모스 : 니브흐인의 명절 음식으로 푸딩 같은 모양이다. 생선 가죽을 뜨거운 물에 1~2분 끓인 뒤 꺼내어 바다표범 지방과 생선 가죽 끓인 물을 넣고 빻는다. 죽처럼 걸쭉해지면 나리 열매, 도토리, 월귤나무 열매를 넣고 얼린다.

"그게 무슨 말이야?"

막내가 모든 이야기를 들려주었다. 청년은 타이가로 가서 낙엽송을 베어 넙치 모양의 잔을 만들고 거기에 모스를 넣어 아가씨들에게로 갔다.

"너희와 함께 가겠어. 나를 데리고 가."

"타이가에 가서 성목(聖木)을 찾아 물새 모양의 잔을 만들어 오세요. 거기에 앉으면 우리가 데리고 갈게요."

청년은 아가씨들이 시키는 대로 했다. 청년이 잔에 앉았다. 바다표범들이 잔에게 출발하라는 명령을 내리자 잔이 말했다.

"끼륵 끼륵! 끼륵 끼륵! 갈 길이 너무 멀어! 끼륵 끼륵! 갈 길이 너무 멀어! 끼륵 끼륵!"

그들은 오랫동안 바다를 헤쳐 나갔다. 청년이 정신을 차리고 주위를 둘러보니 길동무들이 보이지 않았다. 옆에는 높은 절벽이 솟아 있었는데 꼭대기에는 악령 여인 두 명이 앉아 청년을 유혹하면서 손을 살랑살랑 흔들었다. 여인들은 머리가 아주 길었다.

"이리 와!"

"내게 와!"

여인들은 달콤한 목소리로 청년을 불렀다. 청년은 들은 체 만 체 계속 앞만 보고 갔다. 하지만 청년은 여인들의 옆을 지나가야만 했다. 여인들이 긴 머리를 던지자 머리카락에 배가 걸리면서 청년은 머리를 이리저리 흔들다 쓰러졌다. 여인들은 청년이 탄 잔을 끌어당긴 뒤 청년을 일으켜 세워 손으로 간지럼을 태웠다. 청년을 웃게 해 죽일 작정인 듯 계속 간지럼을 태웠다. 힘이 완전히 빠진 청년이 말했다.

"이거 보시오! 여인들! 나에게 왜 이러는 거요? 그만 간질이고 내 얘기를 잘 들어 보시오. 재미있는 이야기를 들려주겠소."

"들어 보자! 무슨 이야기인지 한번 들어 보자!"

여인들은 간질임을 멈추고 청년의 말을 듣기 위해 귀를 쫑긋 세웠다. 청년은 이야기가 아니라 주문을 외우기 시작했다.

"히 이 이 오! 땅, 물, 하늘의 신이여! 보이지 않습니까! 제가 불행에 빠져 있습니다! 히 이 이 오! 땅, 물, 하늘의 신이여! 저를 도와주십시오! 히 이 이 오! 하늘에 벼락이 내리치게 해 주십시오. 땅에 벼락이 내리치게 해 주십시오. 서로 부딪치면서 큰 번개를 만들게 하십시오. 이 이 오! 이 이 오!"

청년이 주문을 외우자 땅의 벼락이 남쪽에서 올라왔고 하늘의 번개가 북쪽에서 내려왔다.

"왜 그런 주문을 외우는 거야? 너의 이상한 주문 때문에 저기에 먹구름이 생긴 거 아니야? 내 말이 맞지?"

"당신들이 나에게 간지럼을 태워서 그랬소."

청년은 더 빠르게 주문을 외웠다.

"히 이 이 오! 벼락님들! 서로 부딪치십시오! 하늘 위에 큰 번개를 만들어 저를 지켜 주십시오! 땅, 물, 하늘의 신이시여! 이 오 이 오 오!"

그러자 하늘의 벼락과 땅의 벼락이 악령 여인들에게 내리쳤고 여인들은 그 자리에서 죽었다. 청년은 바다로 내려가 물새 잔에 앉아 계속 길을 재촉했다. 조상님들이 청년을 보호해 주신 것이다. 물새 잔을 타고 한참을 가다 고개를 들어 보니 돌아가신 할아버지가 보이는데 그 뒤에는 후광이 걸려 있었다. 청년은 할아버지가 자신을 데려다주고 있다는 사실을 알게 되었다. 그렇게 가다 보니 앞에 섬이 나타났다. 할아버지가 청년에게 말했다.

"해변에 있는 버드나무를 끌고 와서 물에 띄우면 버드나무가 알아서 너를 목적지까지 데려다줄 것이다."

섬에 도착하니 물새 잔이 청년을 내려놓았다. 할아버지 말대로 해변에는 아름드리 버드나무가 있었다. 청년은 이 나무를 끌고 와서 그 위에 앉은 뒤 길을 떠났다. 버드나무가 말했다.

"나는 버드나무! 연로한 버드나무! 니브흐인의 훌륭한 조력자!"

버드나무를 타고 한참을 가던 청년은 어느 해변에서 멈

추었다. 해변에는 세 갈래 길이 있었다. 청년은 너무 낯선 땅이라 어디로 가야 할지 몰라 망연자실하고 있었다.

그 순간 하인 같은 남루한 행색의 남자가 나무 장난감으로 삐걱 소리를 내면서 해변을 따라 걸어가고 있었다. 청년도 그 길로 가야겠다고 생각해 큰 소리로 어떻게 하면 그곳으로 갈 수 있는지 물었다.

"저 길을 따라오면 여기로 오실 수 있습니다."

시키는 대로 했다. 남자를 만난 청년은 서로 옷을 바꿔 입자고 했다. 청년의 옷은 무척 수려하고 아름다웠고 남자의 옷은 완전히 누더기였다. 남자에게는 청년의 제안을 마다할 특별한 이유가 없었다. 둘은 옷을 바꿔 입었다. 청년은 누더기를 걸치고 길을 갔다. 그렇게 가다 도중에 늑대 두 마리를 보았다.

"네가 비켜!"

"네가 비켜!"

서로 물어뜯으면서 싸우는 바람에 피가 철철 흐르고 있었다. 청년은 뒤통수를 쳐서 벼룩으로 변한 뒤 늑대 옆을 유유히 지나갔다. 늑대와 멀어지자 옆구리를 쳐서 다시 원래의 모습으로 돌아왔다. 한참을 가다 이번에는 곰 두 마리를 만났다.

"네 잘못이야!"

"무슨 말이야! 네 잘못이야!"

서로 물어뜯으면서 싸우는 바람에 피가 철철 흐르고 있었다. 청년은 뒤통수를 쳐서 벼룩으로 변한 뒤 곰 옆을 지나갔다. 곰과 멀어지자 옆구리를 쳐서 다시 원래의 모습으로 돌아와 길을 갔다. 한참을 가다 큰 마을에 도착했다. 어떤 집 옆에서 여인들이 음식을 준비하면서 불 옆을 분주히 오가고 있었다. 마침 음식 준비하는 것을 도와주던 어린 바다표범 두 마리가 청년을 알아보았다.

"약혼자가 왔어! 약혼자가 왔다고! 약혼자를 숨겨야 돼!"

서둘러 바삐 돌아다닌 탓에 청년은 녹초가 되어 있었다. 바다표범들은 청년에게 급하게 음식을 챙겨 준 뒤 어둑어둑해지자 언니가 있는 집을 가르쳐 주면서 빨리 가 보라고 했다.

청년이 약혼녀의 집에 도착하니 이미 하인들이 샤먼들의 시중을 들면서 무구(巫具)를 나르고 있었다. 천상 세계의 샤먼과 지하 세계의 샤먼도 왔다. 샤먼들은 작살의 악령을 몰아내 해표 아가씨를 치료할 작정이었다. 한 샤먼이 주술을 시작했다.

"강인한 사람! 용감한 사람! 악령이 붙은 작살의 주인! 하인의 옷을 입고 있다!"

이 샤먼은 청년의 존재를 간파하는 것 같았다. 바다 샤먼은 본격적으로 주술을 시작하면서 청년의 존재를 더 예민하게 느꼈다.

"강인한 사람! 용감한 사람! 악령이 붙은 작살의 주인! 이 집에 있다. 우리 가운데 있다! 샤먼 의식을 하려 한다. 그를 잡아라! 작살의 주인이 왔다! 하인의 옷을 입고 있다!"

바다 샤먼은 기력을 잃고 침대에 쓰러졌다. 무사들이 하인들에게 달려간 사이 청년이 사람들을 떼밀면서 뛰어나갔다.

"이번에는 제가 주술을 하겠습니다!"

북을 들고 중간으로 뛰어나갔다. 청년은 샤먼 의식을 하면서 해표 아가씨에게 다가가 작살 때문에 생긴 상처를 어루만졌다. 그리고 의식에 바쳤던 음식을 아가씨에게 먹인 뒤 주술을 계속했다. 청년은 마치 대(大)샤먼 같았다.

"위대한 사람, 용감한 사람! 사랑하는 사람이 있는 이 집으로 달려왔소! 산을 넘고 눈보라를 헤치며 늪도 지나왔소. 고단함과 배고픔은 아예 잊고 사랑하는 사람에게로 달려왔소! 성난 바다도 지나왔소! 위대한 사람! 용감한 사람! 그에게 장애물이란 없소!"

의식에 바쳤던 음식을 더 먹이자 해표 아가씨가 살아났다. 청년은 아가씨를 아내로 맞이했다. 아가씨와 함께 집으로 돌아올 때 아가씨의 아버지는 아주 큰 배를 만든 뒤 배에 선물을 한가득 실어 주었다.

새엄마의 구박을 피해 백조가 된 가련한 소녀

먼 옛날 부부가 있었다. 부부에게는 딸과 어린 아들이 있었다. 아버지는 매일 바다에 가서 물고기를 잡거나 들에 가서 동물 사냥을 했다. 엄마는 무척 성실했다. 남편이 잡아온 동물과 물고기를 깨끗하게 손질해 말리기도 했고 삶기도 했으며 기름에 튀기기도 했다. 또 바느질은 얼마나 잘하는지! 아버지는 항상 멋지고 품위 있게 입고 다녔다.

딸은 아직 어렸다. 딸은 겨울이면 하루 종일 썰매를 탔다. 꽁꽁 언 몸으로 집에 돌아오면 엄마는 곧바로 옷을 갈아입히고 따뜻한 음식을 주었다. 딸은 여름이면 온종일 밖에서 뛰어다녔다. 딸은 강가에서 모래를 가지고 노는 것을 좋아했다. 배가 고프면 집에 돌아와 식사를 하고 다시 밖으로 나갔다. 봄이 되면 딸의 머리 위를 온갖 새들이 날아다녔다. 새들이 밑으로 내려오면 딸은 걸음을 멈추고 새들하고 장난을 치면서 놀고는 했다. 부모님이 말했다.

"새들은 날아다니느라 무척 피곤하단다. 그러니까 쫓아다니지 말거라. 새들이 우리를 찾아오는 것은 배가 고프고 피곤해서 쉬고 싶기 때문이란다."

딸은 아랑곳 않고 새들을 쫓아다녔고 새들은 이미 이 상황에 익숙해 있었다. 새와 동물들이 딸 옆에 앉았다. 딸은 온갖 짐승과 새를 다 보았는데 그중 백조가 가장 아름답다고 생각했다. 털은 하얗고 목은 어찌나 긴지! 게다가 백조들에게는 대장도 있다. 백조들은 대장의 말을 아주 잘 듣는다. 가을 녘 이 가족의 근처에서 휴식을 취한 백조들은 따뜻한 남쪽 나라로 날아갔다. 이 가족은 티 없이 행복하게 살았다. 그러던 어느 날 엄마가 덜컥 병이 들었다. 아버지가 언제 물고기를 잡으러 가겠는가! 또 언제 동물 사냥을 가겠는가! 아버지는 엄마를 간호하느라 사냥할 시간이 없었다. 장만해 두었던 생선과 고기는 이미 오래전에 떨어졌다. 엄마가 만들어 놓은 옷과 신발은 이미 너덜너덜 해어졌다. 엄마가 말했다.

"내가 죽으면 재혼을 하세요! 혼자서 어떻게 살겠어요? 누가 옷을 만들어 주겠어요? 아이들이 아직 너무 어려요."

엄마는 무척 고통스러워하다 결국 세상을 떴다. 이제 무엇을 해야 하나? 엄마와 아내가 없는 세상은 지옥이었다. 아버지는 아내를 구하러 멀리 떨어진 마을로 갔다. 진짜 아름다운 여인이었다. 눈은 빨갛고 얼굴은 하얀 데다 키는 훤칠하게 컸다. 게다가 머리는 또 얼마나 긴지! 여인이 앉으면 등 뒤에 개가 앉아 있는 착각이 들 정도로 머리가 길었다. 여인은 부자였다. 귀걸이를 하고 있었고 웃옷에서는 장식품이 짤랑거렸다. 웃옷 몇 벌을 번갈아 입으면서 한껏 멋을 냈다.

아버지에게 딸은 뒷전이 되었다. 아버지는 여인이 너무 마음에 들어 그 여인을 아내로 맞이했다. 새엄마는 딸을 좋아하지 않았다. 딸에게 음식을 주지 않았고 말도 하지 않았으며 심지어는 쳐다보지도 않았다. 밖에서 놀다 배가 고파 집에 들어온 딸은 먹을 게 하나도 없어 주린 배를 움켜쥐고 잠자리에 들어야 했다. 새엄마는 늦은 시간까지 잤다. 느지막이 일어나 오랫동안 침대에서 뒹굴다가 겨우겨우 침대에서 빠져나와 간신히 눈만 씻고는 이미 손질이 된 생선을 잘라 먹었다. 남은 음식은 그냥 버렸다.

어느 날 딸이 집에 들어갔더니 새엄마가 생선을 먹고 있었다. 딸은 새엄마 옆에 가서 앉았다. 딸은 잠자코 새엄마가 먹고 있는 것을 쳐다보면서 주린 배를 움켜쥐었다.

새엄마는 딸을 투명 인간 취급하면서 옆에 아무도 없다는 듯 눈길 한번 주지 않았다. 딸은 살며시 손을 뻗어 생선 조각을 집었다. 그 순간, 새엄마가 칼로 딸의 손을 내리쳤다. 손에서 피가 흘렀다. 딸은 큰 소리로 엉엉 울면서 강가로 뛰어갔다. 마침 백조가 날아왔다. 백조 대장이 강가에 앉았다. 소녀의 울음소리를 들은 백조들이 소녀의 머리 위를 빙빙 돌기 시작했다. 소녀가 말했다.

"백조들아! 나를 좀 데리고 가 줘! 엄마가 돌아가셨어. 나는 고아야. 내 손을 봐. 피가 흐르고 있잖아. 새엄마가 칼로 때렸어. 새엄마는 나에게 먹을 것을 주지 않아. 내 옷을 좀 봐. 새엄마는 늘 빈둥거리면서 놀기만 해. 아버지는 같이 살면서도 나를 쳐다보지도 않아! 백조들아! 내가 너무 가엾지 않니? 나를 좀 데려가 줘!"

백조들이 내려와 소녀를 하늘로 데리고 올라갔다. 소녀가 백조들과 하늘을 날고 있을 때 아버지가 숲에서 돌아왔다. 딸을 발견한 아버지가 달려와 손을 뻗으면서 고함을 질렀다.

"딸아! 내려오너라. 내게 돌아오너라! 백조들아! 내 딸을 돌려 다오!"

"아버지! 저는 너무 아프고 슬퍼요! 아버지에게 돌아가지 않을 거예요. 백조들을 따라갈 거예요. 백조들은 저를 가여워해요."

백조들은 소녀를 데리고 아버지의 머리 위를 날았다. 그 순간 소녀의 손이 날개로 변하고 꼬리가 자라더니 백조와 함께 아버지가 알 수 없는 곳으로 떠났다. 아버지는 밤낮 딸 생각에 눈물을 뿌렸다. 사냥도 가지 않았고 물고기도 잡지 않았다. 가을이 되었다. 많은 백조들이 날아왔다. 아버지는 밖에 나가 사방으로 손을 뻗으면서 백조들에게 말했다.

"백조들아! 제발 내 딸을 돌려 다오! 앞으로는 딸아이를 아주 잘 돌볼게!"

"딸은 여기에 없어요. 맨 뒤에서 날아오는 백조에게 물어보세요."

아버지는 집으로 달려가 자작나무 식기와 냄비에 물을 가득 채웠다. 백조 한 무리가 날아와 물을 마시기 시작했다. 대장 백조가 빨리 마시라고 재촉하는 바람에 백조들은 서둘러 일어났다. 아버지가 흐느꼈다.

"딸아! 딸아! 제발 돌아오너라! 나를 버리지 말거라!"

어린 백조가 아버지 주위를 날아다니면서 말했다.

"아버지! 저는 집으로 돌아가지 않을 거예요. 키륵! 키륵! 아버지, 저는 너무 슬퍼요, 키륵! 키륵! 아버지, 제 손이 너무 아파요, 키륵! 키륵!"

딸이 눈물을 쏟았다.

"키륵! 키륵!"

친구 백조들도 함께 눈물을 쏟아 냈다.

"키륵! 키륵! 키륵! 키륵!"

눈물을 흘리면서 아버지 주위를 날아다니다 어디론가 떠났다. 아버지는 강가에 서서 손을 뻗은 상태로 낙엽송이 되었다. 낙엽송을 자세히 들여다보면 나뭇가지가 사람의 손처럼 뻗어 있다. 그때부터 백조들은 때로는 눈물을 흘리고 때로는 기뻐하며 이구동성으로 소리를 지른다.

"키륵 키륵! 키륵 키륵!"

그래서 니브흐인들은 백조를 키흐키흐라고 부른다. 백조가 돌아올 때가 되면 니브흐인들은 실컷 마시라고 백조들을 위해 물을 놓아둔다.

백조가 된 못된 딸 라도

아주 오래전 일이다. 이후 얼마나 많은 시간이 흘렀는지 강이 흐르던 곳에는 산이 생겼으며 바위가 있던 곳에는 숲이 자랐다. 둔구 가문의 사냥꾼 춤다가에게는 오랫동안 아이가 없었다. 그런데 어느 날 춤다가에게 딸이 태어났다. 춤다가는 아들을 원했지만 딸이 태어난 것도 무척 기뻤다. 엄마는 기쁜 나머지 딸을 아무도 모르는 곳에 숨겨 두고 싶었다.

부모는 딸에게 라도라는 아름다운 이름을 선사했다. 부모는 딸이 아름답고 행복하게 자랄 수 있도록 힘닿는 한 모든 것을 다 했다. 엄마는 딸이 태어난 사실을 악령들에게 숨기기 위해 1년 동안 딸의 이름조차 부르지 않았다. 엄마는 그냥 내 아가, 내 보물이라고만 불렀다. 딸의 요람 위에 악령들이 접근하지 못하게 부적을 걸어 놓았다. 딸이 울지 않게 하려고 엄마는 요람에 나무로 만든 새, 자작나무 껍질로 만든 장난감을 걸어 놓았다. 딸이 좋은 꿈만 꾸게 해 달라고 닭발과 곱사등이 할머니 모양의 나무도 걸어 놓았다. 모유를 먹였고 오리털로 베개를, 뻐꾸기 털로 이불을 만들어 주었다.

라도는 자라면서 미인이 되었다. 백옥처럼 하얗고 동그란 얼굴은 보름달을 닮았으며 눈썹은 블랙베리 같았고 뺨은 봄 철쭉을 닮은 장밋빛이었으며 입술은 영근 딸기 같았다. 라도의 몸매는 나리처럼 균형이 잡혀 있었다. 얼마나 아름다운지…!

부모는 딸을 볼 때마다 기쁨을 감출 수가 없었다. 그런데 안 좋은 것이 하나 있었다. 라도는 일을 할 줄 몰랐다. 엄마는 라도의 손이 거칠어지는 것을 원하지 않았다. 그래서 일을 못 하게 했다. 라도는 불을 지필 줄도, 장작을 팰 줄도, 작살로 물고기를 잡을 줄도, 노를 젓 줄도, 가죽을 다듬을 줄도, 옷을 만들 줄도, 순록 털로 자수를 놓을 줄도 몰랐다. 이런 건 고사하고 라도는 밀가루 반죽도 할 줄 몰랐고 전병도 구울 줄 몰랐다. 라도는 아무것도 할 줄 몰랐다.

라도는 경쾌하고 균형 잡힌 걸음으로 마을을 누비고 다녔다. 청년들은 라도에게서 눈을 떼지 못했다. 청년들은 라도가 지나가면 고개를 설설 흔들기만 할 뿐 감히 다가갈 엄두도 내지 못했다.

어느 날 한 청년이 라도에게 청혼을 했다. 청년은 마을에서 가장 뛰어난 사냥꾼이었다. 이 청년을 만나면 동물들은 도망칠 수 없다는 사실을 알고 눈물을 흘렸다. 청년이 청혼을 하자 라도는 콧방귀를 뀌면서 몸을 휙 돌렸다.

"저리 비키세요. 동물 냄새가 나요! 그런 당신이랑 어떻게 살겠어요? 당신의 가죽 때문에 손이 망가질지도 몰라요…."

다른 청년이 라도에게 청혼했다. 마을에서 가장 뛰어난 어부였다. 작살을 던지면 한꺼번에 물고기를 열 마리씩 잡았으며 겨울에는 얼음 밑 어디쯤에 물고기가 있는지 알아냈다. 청년이 라도에게 청혼을 하자 라도는 몸을 획 돌리면서 경멸하듯 손가락으로 코끝을 누르면서 말했다.

"저리로 가세요. 생선 냄새가 나요! 당신 같은 사람과 어떻게 살죠? 평생 젖은 몸으로 왔다 갔다 해야 할 텐데…."

라도에게 다른 청년이 청혼을 했다. 청년의 개썰매는 바람보다 빨랐다. 누구도 청년의 썰매와 겨룰 수는 없었다. 라도는 청년을 쳐다보지도 않은 채 문 앞에서 손을 흔들면서 베개에 코를 박았다.

"저리로 가세요, 개 냄새가 나요! 당신 같은 사람과 어떻게 살죠? 평생 개 먹이를 주다 다리가 다 망가질 텐데…."

청년들이 라도를 떠나면서 말했다.

"어째서 우리가 하는 일을 비웃는 거죠? 그건 아주 나쁜 버릇이오…."

그 말을 들은 엄마가 말했다.

"사람들을 대하는 네 태도가 아주 좋지 않구나! 사람들을 그렇게 기분 나쁘게 하면 못써!"

라도는 엄마에게 심하게 화를 내면서 손을 내저었다. 그것도 모자라서 분노로 얼굴이 새빨개지면서 동네가 떠나갈 정도로 고래고래 소리를 질렀다.

"다 알아! 부모가 오래전부터 나에게서 벗어나고 싶어 하는 걸 다 알아!"

"얘야! 그게 무슨 말이니! 네가 하고 싶은 대로 하렴! 결혼을 안 하고 평생 우리와 함께 살아도 된단다."

엄마가 딸을 진정시켰고 라도는 입을 쑥 내밀면서 불만을 표시했다. 라도는 청혼자들을 모두 내쫓았지만 부모님이 미워 견딜 수가 없었다. 바람이 심하게 부는 날이었다. 라도의 가슴속 불만은 점점 커져 갔다. 엄마는 왜 아무 옷이나 입고 있지? 아버지는 생선을 잡으러 갔다 오면 왜 늘 젖은 상태로 오는 거지? 모든 것이 마음에 들지 않았다. 엄마가 라도에게 죽을 주었다.

"너무 걸쭉하잖아?" 라도가 소리를 지르자 엄마가 생선을 주었다.

"싱싱하지가 않잖아?" 라도가 발로 차자 엄마가 고기를 주었다.

"너무 딱딱하잖아?" 라도가 소리를 지르자 엄마가 과자를 구웠다.

"왜 이렇게 써?" 라도가 침을 뱉었다. 엄마가 눈물을 주룩주룩 흘렸다. 도저히 딸의 비위를 맞출 수가 없었다. 이웃 아이들을 불러 과자를 나누어 주자 아이들이 과자를 먹으면서 감탄했다.

"어머! 세상에! 너무 부드럽고 달콤해요! 정말 맛있어요!"

그 순간 라도는 독이 잔뜩 올랐다. 엄마를 밀치면서 발로 밟고 소리를 지른 뒤 집을 뛰쳐나갔다. 라도에게는 모든 것이 아주 나쁘게만 보였다. 마을에는 늘 연기가 자욱하고 집들은 더럽고 사람들은 못생겼고…. 위를 보니 백조가 겨울을 나기 위해 남쪽으로 날아가고 있었다. 날개가 하얀 눈처럼 빛났다. 라도가 백조에게 소리쳤다.

"뒤로 한 번 구르고 나서 백조처럼 울면 나도 백조가 될 수 있지? 순결하고 깨끗한 사람들을 찾아 너희와 함께 떠날 거야! 다른 엄마를 찾아야겠어. 엄마가 싫어."

땅을 한 번 구르자 라도는 흰 눈을 닮은 백조처럼 날개가 생기면서 하늘로 날아올랐다. 엄마는 눈물을 흘리면서 딸을 불렀지만 못된 딸은 엄마를 쳐다보지도 않았다. 라도가 대장 백조에게 갔다.

"처음 보는데 어디서 왔니?"

"너희를 따라 생선 냄새가 나지 않는 깨끗한 사람들을 찾으러 갈 거야! 그리고 엄마도 다시 찾을 거야!"

백조들은 라도가 백조 무리로 들어오는 것을 필사적으로 반대하면서 네 갈 길로 가라고 길을 터 주었다. 대장 백조가 날개를 퍼덕이면서 말했다.

"어떻게 다른 엄마를 찾겠다는 거지? 사람에게 엄마는 한 명뿐이야. 다른 엄마는 없어!"

백조들은 라도를 받아 주지 않았고 라도는 대장 백조와 백조들에게 격하게 화를 내면서 홀로 날아갔다. 쳇! 다른 곳으로 갈 거야! 개 냄새가 나지 않는 사람들이 사는 깨끗한 곳으로 갈 거야! 다른 엄마를 찾을 거야!

백조들도 라도도 떠났다. 딸을 잃은 엄마는 오랫동안 슬픔에 잠겨 눈물을 흘렸다. 나뭇잎이 떨어졌다. 토끼가 하얀 가죽을 입었다. 뱀이 바위 밑으로, 곰은 굴 안으로 들어갔다. 사냥꾼들은 흑담비 사냥을 떠났다. 바다 신은 추위를 피해 강을 얼음으로 가렸다. 라도가 날아간 곳을 보면서 엄마는 하염없이 울었다.

모든 길이 검은색으로 덮였다. 곰은 더 이상 발을 빨지 않았고 다람쥐는 모아 둔 도토리를 다 먹어 치웠다. 바다 건너 마을에서 꾀꼬리가 날아왔다. 엄마는 여전히 딸이 날아간 하늘을 바라보면서 얼굴 한가득 눈물을 머금고 있었다. 엄마는 이제는 아궁이에 불을 피우는 것도 잊었다. 불이 집을 떠났고 집에서 생기가 완전히 사라졌다. 라도의 엄마는 하늘나라로 떠났다.

먼 남쪽 나라에서 따뜻한 바람이 불어왔다. 해묵은 풀에서 어린 풀이 초록 화살을 쏘았다. 물의 신은 강의 얼음 뚜껑을 열었다. 곰은 굴에서 나왔고 토끼는 하얀 모피를 숲에서 잃어버렸으며 나무들은 싹을 틔웠고 새들은 다시 돌아왔다.

먼 나라로 날아갔던 백조가 돌아왔고 라도도 돌아왔지만 다른 엄마는 찾지 못한 것 같았다. 마을 위를 맴돌다가 자신의 집 위로 날아가 엄마를 소리쳐 불렀다.

"어떻게 하면 다시 사람이 될 수 있을까? 아! 엄마를 껴안고 싶어. 엄마가 너무 보고 싶어."

눈물이 주르륵주르륵 쉴 새 없이 흘러내렸다. 집에서는 아무도 나오지 않았다. 라도는 구슬피 울면서 집 위를 빙빙 돌았지만 다시 사람으로 돌아갈 방법을 알 길이 없었다. 여름 내내 라도는 마을 위를 날아다니면서 엄마가 집 밖으로 나오기만 기다렸지만 결국 만나지 못했다. 아무르강에서 찬 바람이 불어오면서 라도는 따뜻한 나라로 떠났다. 그때부터 라도는 봄이면 엄마를 부르면서 구슬피 운다.

갈매기는 왜 함께 살게 되었을까?

니브흐인 사이에는 다음과 같은 이야기가 전해진다.

먼 옛날에 갈매기는 같이 살지 않았다. 사실 같이 살 이유가 없었다. 갈매기는 날개가 굉장히 강해서 다른 갈매기를 바다 너머로 옮겨 줄 수도 있다. 갈매기의 부리는 무척 튼튼해서 사냥감을 부리에 물거나 적이 물고 있는 사냥감을 빼앗아 올 수도 있다. 갈매기들은 멀리 떨어진 곳에 따로 둥지를 짓고 살았다. 그런데 물고기를 잡는 게 늘 쉬운 것만은 아니었다. 바다는 크고 넓은 데다 물고기는 자신들이 원하는 곳으로 헤엄쳐 다니기 때문이다. 검은 머리 갈매기가 거품이 이는 파도 위를 지나갔다. 파도 속을 아무리 뚫어지게 쳐다봐도 은빛 물고기는 보이지 않았다. 한 마리도 잡지 못한 검은 머리 갈매기는 너무 배가 고팠지만 하는 수 없이 그냥 날아갔다. 그런데 바로 그곳으로 빨간 부리 갈매기가 날아왔다. 사실 검은 머리 갈매기의 눈이 빨간 부리 갈매기의 눈보다 나쁘지는 않다. 헛수고였다! 결국 빨간 부리 갈매기도 한 마리도 잡지 못한 채 고픈 배를 움켜잡고 이곳을 떠났다.

계속 많은 갈매기가 거품이 이는 파도 위를 지나갔다. 이곳에 이미 다른 갈매기들이 수도 없이 왔다 간 사실을 모른 채 말이다. 검은 머리 갈매기가 물고기를 한 마리도 잡지 못하고 둥지로 돌아왔을 때는 이미 어둠이 깔린 뒤였다. 그런데 둥지 옆에 큰 까마귀가 앉아서 알을 쪼아 먹고 있는 게 아닌가! 갈매기는 몸을 숨기고 불안하게 울어 댔다. 그 소리를 듣고 빨간 부리 갈매기가 눈물을 흘리면서 날아오더니 쥐가 알을 훔쳐 갔다며 울부짖었다. 다른 갈매기도 날아와 누가 둥지를 망가뜨렸다고 하소연했다. 그런데 까마귀가 이미 두 번째 알을 쪼아 먹기 시작했다. 갈매기들이 날아가서 소리를 쳤다. 그 소리에 다른 갈매기들도 날아와서 모두 까마귀에게 달려들었다. 까마귀가 놀라 달아났다. 바로 그 순간 갈매기들은 회의를 했다. 갈매기가 따로 살기 때문에 까마귀까지도 자신들을 조롱한다고…. 그래서 따로 사는 것이 무척 안 좋은 것 같다는 결론을 내렸다. 어떤 갈매기는 혼자 먹을거리를 찾아다니는 것이 너무 힘들다고 하소연하면서 이 넓은 바다에서 혼자 물고기를 잡는 일은 극한의 인내가 필요하다고 덧붙였다. 갈매기들은 누가 먼저랄 것도 없이 이구동성으로 같이 모여 살기로 합의했다. 갈매기들은 함께 있으면 두려울 게 하나도 없을 것 같았다.

그날 이후 갈매기들은 넓은 장소에 모여 같이 살게 되었다. 함께 있으니 바다에서 물고기 잡는 일이 한결 수월해졌다. 갈매기는 물고기 떼를 발견하면 일단 소리를 지른다. 그러면 그곳으로 다른 갈매기들이 날아와 모두 배불리 먹는다. 적이 나타나면 갈매기들은 떼로 달려든다. 놀란 적들이 뒤도 안 돌아보고 줄행랑을 치는 경우가 한두 번이 아니었다. 갈매기가 한 번만 소리를 쳐도 적들은 머리가 쭈뼛쭈뼛 선다. 갈매기들은 때로는 곰도 거뜬히 몰아낸다.

달은 창백해졌다. 산 너머에 있는 고요를 찾아 떠나려는 것 같았다. 뒤에서는 갈매기의 작고 평화로운 울음소리가 울려 퍼졌다.

"끼룩! 끼룩! 끼룩! 끼룩!"

악령 이야기

악령을 만난 아무르강의 뱃사람들

아무르강 유역의 뱃사람 여섯 명이 배를 타고 먼바다로 사냥을 나갔다. 안개가 아주 짙게 내려앉으면서 한 치 앞도 분간하기 어려웠다. 잠시 후 주위가 어둠에 휩싸이면서 뱃사람들은 방향을 잃어버리고 바다에서 표류하게 되었다. 이틀 밤낮을 바다 위에서 정처 없이 헤맸다. 바다표범들이 배에 부딪히면서 배가 처참하게 부서졌지만 손을 쓸 도리가 없었다. 정박할 곳을 찾아야만 했다. 제일 나이가 많은 사람이 배의 키를 잡았고 선미에는 그의 아들이 앉아 있었다. 운이 좋았는지 배를 정박할 곳을 찾았다. 하지만 이미 어둑한 밤이었다. 일단 배에 불을 피우고 바다표범 고기를 구워 배를 채운 뒤 잠을 잤다. 그동안의 여정으로 고단했던 뱃사람들은 다음 날 한낮에야 일어났다. 청년들은 고기를 구웠고 나이 든 남자들은 주변을 탐색하러 나갔다. 사람들은 이내 이상한 마을에 와 있다는 사실을 알게 되었다. 배에 달려가 고기를 굽고 있는 청년들에게 다급하게 말했다.

"여기는 지금껏 듣도 보도 못했던 이상한 마을이야!"

고기를 다 먹은 다음 배를 타고 해안가를 따라 한참을 돌아다녔다. 아무리 둘러봐도 집 한 채 이외에는 아무것도 없었다. 하는 수 없다! 이 집으로 가는 수밖에! 배를 해안가에 정박시키고 이 집으로 향했다. 대장이 앞장섰고 나머지는 뒤에서 따라갔다. 처마 밑 건초 더미에 긴 궤짝이 있어 조심스레 열어 보았다. 모두 경악했다. 새 머리였다. 한두 개도 아니고 온통 새 머리로 가득했다. 그래도 어쩌겠는가! 집 안으로 들어가기로 했다. 두 사람이 먼저 문을 열고 집 안으로 들어갔는데 침대에도 긴 궤짝이 놓여 있었다. 뚜껑을 살짝 열어 본 남자들은 뒤로 나자빠지면서 기절할 뻔했다. 벌거벗은 노인이 똑바로 누워서 눈을 껌벅이고 있었다. 그때 대장이 집 밖으로 뛰어나가면서 말했다.

"악령이다! 도망가자!"

혼비백산해서 무조건 바닷가로 내달렸다. 그들 뒤에는 벌거벗은 노인이 수많은 악령들을 진두지휘하면서 달려오고 있었다. 어쨌든 배가 있는 곳까지 달려왔다. 한 발짝만 내디디면 배 안이었다. 바로 그 순간 벌거벗은 노인이 맨 뒤에 오던 뱃사람을 붙잡았다. 나머지는 무사히 배에 올라타서 그곳을 떠났다. 정신을 수습하고 보니 동료 한 명이 악령들에게 끌려가는 모습이 아득하게 보였다. 이제는 다섯 명만 남았다.

그곳을 떠나 무척 오랫동안 항해하다 해변 가까이에서 집 한 채를 또 발견했다. 가까이에 가니 인기척이 들려 그제야 안심하고 집으로 들어갔다. 맨 앞의 침대도 옆의 침대도 비어 있었다. 제일 구석진 침대에는 노파가 앉아 있었다. 노파 옆에는 키가 무척 크고 눈이 왕방울만 한 남자가 앉아 있었다. 그들의 앞쪽 구석에는 젊은 여인이 앉아 있었는데 얼굴의 왼쪽 절반은 난도질되어 살이 모두 떨어진 채 뼈가 앙상하게 드러나 있었다.

뱃사람들은 앞쪽 침대에 가서 앉았다. 대장이 먼저 말문을 텄다.

"죄송합니다! 이렇게 불쑥 찾아왔습니다. 죄송합니다!"

그 말끝에도 남자는 아무 말도 하지 않고 그냥 앞만 응시한 채 앉아 있었다. 드디어 남자가 일어섰다! 뱃사람들에게 다가와 화가 났다는 듯 왼쪽 끝에 앉은 사람의 머리채를 칭칭 감더니 위로 잡아당겼다. 그 순간 이 사람이 용수철에 튕긴 것처럼 자리에서 발딱 일어서자 남자는 머리를 놓고 다시 자리에 가서 앉았다. 그런데 남자가 다시 갑자기 불쑥 일어나더니 그 옆에 앉은 사람에게 가서 조금 전처럼 머리채를 칭칭 감아 위로 잡아당겼다. 이 사람도 용수철이 달린 듯 발딱 일어났다. 남자는 이 사람을 공중에 매달아 놓았다. 이번에는 가운데 앉은 사람의 머리채를 잡아당겼다. 하지만 일어나지 않았다. 또 잡아당겨도 여전히 일어나지 않았다. 그러자 이번에는 그 사람의 정수리 뒤를 잡아 침대 아래로 집어넣은 뒤 아주 긴 쇠꼬챙이를 들어 항문에 집어넣기도 하고 등을 쑤셔 대기도 했다. 남자는 뱃사람을 구울 생각이었는지 꼬챙이에 꿰어 불에 얹어 놓더니 밖으로 나가 문을 걸어 잠갔다. 문이 삐걱거렸다. 그 순간 뱃사람들은 집 전체가 돌로 만들어졌으며 문 이외에는 출구가 없다는 사실을 알아차렸다. 뱃사람들은 누가 먼저랄 것도 없이 일제히 폭풍 같은 눈물을 쏟아 내기 시작했다. 그때 노파가 말했다.

"너희가 참 불쌍하구나. 이 악령들이 얼마나 다혈질인데…. 너희는 잘못 걸린 거야…. 위로 올라가서 선반에 있는 낡은 상자를 꺼내 보거라."

대장이 상자를 꺼내 뚜껑을 열었더니 긴 검이 있었다. 검을 꺼내 가만히 살펴보니 끝에서 피가 철철 흐르고 있었다. 노파가 말했다.

"그 검으로 문에 구멍을 뚫어라."

검으로 문에 구멍을 뚫은 뒤 빠져나가려고 고개를 내밀었는데 어깨에서 걸리고 말았다. 구멍을 더 크게 뚫어 무사히 빠져나왔다. 이제 모두 밖으로 나와 한달음에 배가 있는 곳으로 달려갔다. 대장은 배를 밀어젖히면서 배 안으로 뛰어 들어갔다. 뒤를 돌아보니 아까 그 노파가 악령들을 진두지휘하면서 달려오고 있었다. 배 근처에 온 노파와 악령들은 물속으로 첨벙첨벙 걸어오더니 배를 해안가로 끌어내려

했다. 마침 키 옆에 앉았던 대장이 노파의 손을 잘라 버렸다. 대장이 얼마나 빨리 배를 몰았던지 정신을 수습하고 돌아보니 노파의 머리가 이미 멀리서 아른거렸다.

결국 공중에 매달린 사람과 꼬챙이로 꿰인 사람은 그곳에 남겨졌고 아버지와 아들, 동료 한 명만이 살아남았다. 뱃사람들은 바다를 아주 한참을 떠돈 뒤에야 마을을 찾을 수 있었다. 마을 선착장에는 배와 그물이 지천으로 널려 있었다. 여인들이 널빤지 높은 곳에 앉아 물고기를 씻고 있었다. 뱃사람들은 배를 끌어내어 멀리 떨어진 곳에 정박시키고 여인들에게 갔다. 여인들의 옷은 고급스러웠고 귀걸이는 무척이나 아름다웠다. 뱃사람들은 여인들을 지나 집 안으로 들어가 문 바로 옆에 있는 침대에 걸터앉았다. 문 옆 한쪽 구석에는 여인이 앉아 있었다. 아! 여인이 얼마나 아름다웠던지! 반대편 구석에는 노파가 앉아 있었는데 머리는 흰색 반, 검은색 반이었다. 대장이 노파에게 말을 건넸다.

"이 마을은 굉장히 부유해 보입니다. 저희가 운이 좋았군요. 몇 날 며칠을 굶었더니 뱃가죽이 등가죽에 달라붙었어요. 배가 고파 죽기 일보 직전이랍니다."

"빨리 음식을 준비해서 손님들에게 드려라. 손님들이 딱해 보이는구나!"

아름다운 여인이 일어나서 밖으로 나가더니 열매와 기름

진 생선을 한가득 가지고 들어왔다. 생선을 솥에 넣고 한참을 끓인 뒤 큰 그릇에 수북이 담아 내놓았다. 또 열매와 생선을 섞어서 큰 자작나무 그릇에 먹음직스럽게 담아 내놓은 뒤 자리에 가서 앉았다. 너무 맛있었다. 맛에 취한 뱃사람들은 하마터면 눈물을 흘릴 뻔했다. 생선을 씻던 여인들이 들어왔다. 에구머니나! 이게 웬일이냐! 여인들은 남자를 원했다. 이를 알아 달라고 애원하는 눈빛으로 뱃사람들을 바라보면서 은은한 미소를 지었다. 밤이 되어 모두 곤히 잠든 사이 뱃사람 중 한 명이 살며시 일어나 여인에게 다가가 흔들어 깨웠다. 그러자 여인이 뱃사람을 껴안으면서 자신의 침대로 끌어당겼다. 그 시각 대장은 잠에서 깨어 앉아 있다가 이 여인과 동료가 속삭이는 소리를 들었다. 곧 "어! 어!" 하는 동료의 목소리가 들리더니 이내 아무 소리도 들리지 않았다.

모두 잠이 들었고 다음 날 아침에 일어나 보니 이 여인과 동료는 한 침대에 누워 있었다. 아버지와 아들도 일어나 씻으러 나갔다. 그런데 어찌 된 일인지 다시 들어와 보니 동료가 없어졌다. 어디로 간 거지? 대체 어디로 사라진 거야? 여인들도 일어나 물고기를 잡으러 집을 나갔다. 그때 노파가 말했다.

"아이고! 자네들이 너무 불쌍해! 이 어리숙한 사람들을 어떻게 하면 좋단 말이냐! 어째서 이 여인들에게 마음을 빼앗겼단 말인가! 이 여인들의 성기는 반이 가시라네! 여인들을 원한다면 해변으로 가지 말고 자네들의 성기보다 조금 작은 돌을 찾아오게. 오늘 밤 그 돌로 여인들 성기 속 가시를 부숴 버리게. 가시가 모두 부서졌다 싶으면 뒤에서 여인을 끌어안게."

아버지와 아들은 밑에 가서 돌을 찾아 가지고 왔다. 그날 밤 아들은 여인에게 다가갔다. 여인이 껴안자 아들은 여인의 성기에 돌을 집어넣었다. 그러자 아주 심하게 째지는 소리가 났다. 돌은 성기 안 여기저기를 돌아다니면서 쇳소리를 냈다. 잠시 후 소음이 잦아들자 돌을 꺼낸 뒤 뒤에서 여인을 껴안았다. 모든 일을 끝낸 뒤 자신의 침대로 가서 잠이 들었다. 다음 날 일어나니 여인들이 가시를 없애 줘서 감사하다며 선물을 주면서 떠나라고 했다.

바다를 떠돌던 아버지와 아들은 사람의 손을 닮은 큰 해변이 보여 그곳으로 배를 몰았다. 해변의 언저리에는 엄청나게 큰 바다 신이 앉아 있었는데 이들이 가까이 갈수록 점점 작아졌다. 바로 그 옆을 지날 즈음에는 사람의 키 정도로 줄어 있었다. 해안가로 나왔더니 사람들이 물고기를 잡고 있었고 배, 노, 장대, 배의 타(舵), 국자, 의자, 생선 건조용 두꺼운 막대, 가는 막대, 생선 튀김용 막대 등이 산처럼 쌓여 있었다. 바다에서는 셀 수 없이 많은 물고기가 뛰어다니고 있었다. 물고기가 어찌나 많던지! 아버지와 아들은 바다 신에게 집에 가게 해 달라고 간청했다. 바다 신은 아무런 답도 하지 않았다. 다만 큰 물고기를 잡아 머리를 내리쳐서 죽인 뒤 솥에 넣고 삶아 다른 음식들을 곁들여 아버지와 아들에게 내놓았다. 다음 날 바다 신이 말했다.

"자, 당신들이 집에 갈 수 있는 방안을 마련하겠소. 상자처럼 생긴 배를 줄 테니 그것을 타고 가시오. 여기 송어 가죽으로 만든 자루와 연어 가죽으로 만든 자루가 있소. 모두 왼손에는 송어 가죽으로 만든 자루를, 오른손에는 연어 가죽으로 만든 자루를 들고 배로 가시오. 송어 가죽으로 만든 자루를 열어서 송어 비늘을 한 움큼 물에 던지시오. 곧 물방울 튀기는 소리가 아주 요란하게 들리면서 송어가 두 사람의 길을 인도할 것이오. 연어 가죽으로 만든 자루를 열어 연어 비늘을 양손 가득 담아 물에 던지시오. 아까보다 더 요란한 소리가 들리면서 연어들이 두 사람의 길을 인도할 것이오."

뱃사람들은 상자 배에 올라탔다.

"자, 바닷물을 타고 집으로 가시오! 집에 도착하거든 아버지는 붉은 순록을, 아들은 흰 순록을 이 배에 태워 내게 보내시오!"

바다 신은 아버지와 아들을 집으로 돌려보냈다. 아버지

는 붉은 순록을 잡아 배에 실어 놓았지만 아들은 오랫동안 흰 순록을 찾아다녔다. 엄청나게 공을 들인 끝에 흰 순록도 결국 찾아내어 배에 실었다. 배를 물속으로 밀어 넣었다. 멀리서 보니 붉은 순록을 실은 배는 앞으로 곧장 나아갔다. 그런데 흰 순록을 실은 배는 옆으로 빠지는 듯싶더니 이내 방향을 바꾸어 붉은 순록이 탄 배의 뒤로 갔다. 두 배는 앞뒤로 줄지어 먼바다로 떠났다.

일곱 자매의 비극

누구는 물고기를 잡았고, 누구는 장작을 팼다. 모두 자신만의 일이 있었다. 남자들은 없었기 때문에 당연히 아이들도 없었다. 어느 날 막내가 장작을 패다가 집 한쪽 모퉁이에서 아기 울음소리를 들었다. 막내의 말을 들은 언니들은 모두 그곳으로 몰려가 눈을 파헤쳤다. 한참 동안 눈을 파헤치니 사내아이가 이불에 둘러싸인 채 누워 있었다. 자매들은 아기를 집으로 데리고 들어갔다. 모두 한껏 들떴고 하늘로 날아가는 기분이었다. 아기를 요람에 놓았더니 다리를 꼼지락거렸다. 아기가 울면 젖을 먹이면서 즐거워했다.

아이는 무럭무럭 자랐다. 이제는 요람에서 나와 걸어 다니기 시작했다. 어느 날 자매들은 개에게 주려고 말린 생선을 끓이고 있었다. 개밥이 펄펄 끓으면서 김이 모락모락 피어났다. 모두 자신이 맡은 일을 하고 있었고 막내는 개밥이 잘 끓고 있는지 보러 갔다. 그런데 아기가 요람을 타고 솥 위로 가서 개밥을 입으로 핥고 있었다. 막내가 얼른 달려가 아기를 붙잡았는데 이미 입에는 개밥을 한가득 물고 있었다. 아기를 얼른 데리고 나가 씻긴 뒤 집 안에 데려다 놓았다. 언니들이 들어오자 막내가 이런저런 일이 있었다고 전했다.

다음 날 자매 중 한 명을 남겨 두면서 지켜보라고 했다. 이날도 어제와 같은 일이 벌어졌다. 아기는 요람을 타고 곧장 솥 위로 가서 개밥을 핥아먹었다. 자매들은 너무 무서웠다.

"악령이다! 도망가자!"

"아이고! 이게 무슨 일이람! 너무 무서워!"

밤이 되자 도망갈 만반의 준비를 한 뒤 잠이 들었다. 푹 자고 아침에 일어났다. 아기는 아직 자고 있는 것 같았다. 큰언니가 재, 빗, 숫돌을 챙겼다. 시간이 없었다! 서둘러 도망갔다. 얼마 가지도 않았는데 자매의 뒤에 거대한 악령이 나타났다.

"너희를 잡아먹어야겠다. 너희를 다 합쳐도 내 군입거리도 안 돼!"

이미 자매 가까이로 달려왔다. 언니가 재를 꺼내 던졌다.

"못된 악령아, 재다! 재야! 짙고 커다란 먹구름이 되어다오."

재가 먹구름이 되었다. 악령은 우왕좌왕하면서 길을 잃었지만 곧 먹구름을 벗어났고 다시 자매들과의 거리를 좁혀왔다. 손 내밀면 닿을 정도로 가까워졌다. 큰언니가 빗을 꺼내 악령에게 던지면서 소리쳤다.

"이 못된 악령아! 빗이다. 빗아! 잎이 무성한 아름드리 낙엽송이 되어라."

낙엽송이 쑥쑥 자라면서 벽처럼 되었다. 악령이 나무를 쓰러뜨리는 소리가 들렸다. 악령은 낙엽송을 입으로 갉아 댔다. 벅! 벅! 벅! 박! 박! 박! 자매들은 그사이 멀리 달아났다. 낙엽송을 쓰러뜨린 악령이 다시 자매들을 쫓아왔다.

"너희의 얍삽함도 이제 끝났다. 너희를 잡아먹겠다. 한 입이면 충분하겠지?"

자매들과의 거리가 한 뼘만큼 좁아졌다. 큰언니가 애원하면서 숫돌을 던졌다.

"오! 숫돌아! 제발 부탁이야! 하늘 끝, 물 끝에 닿는 절벽이 되어 다오!"

그 순간 하늘에서 시작해 물 끝에 닿는 절벽이 만들어졌다. 악령은 입으로 절벽을 갉기 시작했다. 콱! 콱! 콱! 그사이 자매들은 멀리 달아났다. 돌 갉는 소리가 멀리까지 울렸고 잠시 후 잠잠해졌다. 집을 발견한 자매들은 안으로 들어가 서로 붙어 앉았다. 막내는 한쪽 끝에, 큰언니는 다른 쪽 끝에 앉았다. 자매들은 주위를 둘러보았다. 난로 옆의 침대에 눈동자 두 개가 보였는데 다리는 꼭 젓가락 같았다. 눈동자가 일어나서 몸을 흔드는데 할머니였다. 살이라고 하나 없이 깡말랐다. 할머니가 손을 비비면서 말했다.

"애들아! 제 발로 걸어 들어오다니. 정말 착하구나. 큰언니부터 이리 나오너라."

언니가 생각했다.

'저건 또 뭐야! 바닥에 던져 죽여야겠군!'

서로 맞붙어 싸우기 시작했다. 서로 붙잡고 빙빙 돌더니 큰언니가 '쿵!' 하고 바닥에 쓰러졌다. 큰언니가 죽었다. 할머니가 말했다.

"다음은 누구 차례지? 누구든 덤벼 봐!"

둘째 언니가 갔다. 서로 맞잡고 빙글빙글 돌다가 할머니가 둘째 언니를 바닥에 내동댕이쳤다. 둘째 언니가 죽었다. 이렇게 해서 할머니는 자매를 차례대로 죽였다. 이제 막내만 남았다. 막내는 언니들이 싸우는 동안 창문에 구멍을 뚫어 도망갔다. 막내는 너무 무섭고 원통했다. 얼마나 놀랐는지 막내는 제정신이 아니었다. 황망히 어디론가 달려갔다. 이미 주위에는 어둠이 내려앉았다. 그렇게 숲에 누워 잠이 들었다. 해가 뜨자마자 일어나 쉬지 않고 걸었다. 무척 오랫동안 걸어가다 집을 발견했지만 안으로 들어가는 것이 두려웠다. 그런데 배가 얼마나 고픈지 견딜 수가 없었다. 집 옆에는 창고가 있었다. 한동안 망설였지만 결국 들어갔다. 죽이고 싶으면 죽이라고 해! 어차피 더 이상 숨을 곳도, 도망칠 곳도 없잖아! 주위를 둘러보았다. 남자 옷가지뿐이었는데 침대가 하나 있어 거기에 멍하니 넋을 놓고 앉아 있었다. 잠시 후 문고리 돌리는 소리가 들렸다. 찰칵찰칵! 밖이 조금 소란스럽더니 한 남자가 안으로 들어왔다. 막내는 남자를 가만히 바라보았다. 머리를 땋은 청년이었다. 청년이 막내를 유심히 쳐다보았고 막내는 고개를 푹 숙인 채 앉아만 있었다. 청년은 밖으로 나가 고기를 가지고 와서 식사 준비를 했다.

"자, 너무 부끄러워하지 말고 이리 와서 나랑 같이 식사하자!"

뭘 어쩌겠는가! 청년과 같이 식사를 했고 결혼을 했다. 남편은 물고기를 잡고 사냥을 했다. 제법 오랫동안 함께 했다. 아내는 아이를 가졌고 벌써 산달이 되었다. 아내가 말했다.

"언덕에 가서 전나무 가지로 움집을 만들고 7일 동안 쓸 장작과 7일 동안 먹을 음식을 준비해 주세요."

남편은 아내가 시키는 대로 해 놓고 집으로 돌아왔다. 아내가 말했다.

"당신이 7일 동안 먹을 음식과 마실 것도 준비하세요."

남편은 아내가 시키는 대로 했고 언덕 위 움집으로 아내를 데려다주었다. 남편이 떠나올 때 아내가 아주 강하게 말했다.

"7일 동안 절대 머리를 들어서는 안 됩니다. 음식도 누워서 드세요."

남편은 썰매에 담요를 깔았다. 엿새 동안은 아무 일 없이 누운 채 아주 편안하게 보냈다. 7일째 되는 날 이제는 충분하다는 생각에 일어났다. 장작을 보고야 아직 하루를 더 누워 있어야 한다는 사실을 깨달았다. 다시 누웠다. 그런데 아내가 보고 싶어 견딜 수가 없었다. 인내심이 한계에 다다른 남편은 아침 일찍 일어나 썰매를 끌고 아내에게 갔다. 아이들이 언덕에서 썰매를 타면서 놀고 있었다.

"아빠다! 아빠가 오셨다!"

막내를 보았는데 곱사등이였다. 들어가자마자 아내가 남편의 머리채를 휘어잡더니 냅다 한 대 후려쳤다.

"그렇게 당부했는데 7일째 되는 날 왜 일어났어요? 당신 때문에 우리 막내가 곱사등이가 되고 말았잖아요!"

에구구! 어쩌겠는가! 아내와 아들들을 썰매에 태워 서둘러 집으로 돌아갔다. 어느덧 아들들은 어엿한 청년의 분위기를 풍겼다. 아들들은 날마다 사냥을 했다. 엄마는 아들들에게 언니들 이야기는 일절 하지 않았다. 아들들이 나가고 홀로 집에 남으면 엄마는 언니들 생각에 눈물을 흘렸다. 아들들도 엄마의 이런 행동을 눈치챘다. 어느 날 아들들이 엄마의 손을 꼭 잡고 물었다.

"엄마는 왜 매일 그렇게 눈물을 흘리세요?"

"미안하구나! 내가 숨김없이 모든 이야기를 들려주마.

이런 일이 있었고 저런 일이 있었단다."

"아! 그런 일이 있었군요!"

"아들들아! 숲에서 가서 여기저기 돌아다니면 안 된다. 어떤 일을 당할지 몰라."

"알았어요. 엄마! 우리가 할머니에게 가서 복수를 하고 올게요."

아들들은 뛰기도 하고 걷기도 하면서 드디어 할머니 집에 도착했다. 안으로 들어가 열심히 할머니를 찾았다. 침대 끝에서 할머니가 몸을 일으켰는데 엄마가 말한 상황과 똑같았다.

"어머나! 이렇게 좋을 수가! 아이들이 제 발로 걸어서 들어오다니!"

"자, 어떤 일이 벌어지는지 두고 봅시다!"

"할머니! 먼저 우리에게 물을 주시고 불도 피워 주세요. 그 뒤 우리를 죽여 맛있게 드세요."

할머니는 기쁨을 주체하지 못하고 날뛰었다. 부탁한 일을 모두 한 뒤 자리에 앉아 생선 가죽으로 만든 소맷자락을 문질렀다. 할머니는 두 난로 사이에 앉아 이리저리 몸을 흔들었다.

그런데 아들들이 집을 떠나올 때 엄마가 당부했다.

"할머니가 첫째부터 나오라고 하면 막내가 첫째라고 하

면서 나가라! 그 할머니에게는 철로 만든 통이 있다. 막내는 할머니를 잡아 그 통에 집어넣어라. 그리고 막내의 등에 통을 묶고 집으로 가지고 와라."

"누가 첫째냐? 이리 나와 붙어 보자!"

"저예요! 제가 첫째입니다!"

막내는 할머니에게 다가가 멱살을 잡아 철통에 그대로 집어넣었다. 할머니는 소름 끼치는 비명을 지르다 물에 빠져 죽고 말았다. 물과 할머니가 든 통을 막내의 등에 묶고 집으로 출발했다. 얼마나 걸었을까! 주위는 어둠에 싸여 있었다. 그런데 이 밤에 흑담비 사냥꾼들을 만나게 되었다. 사냥꾼들을 보고 지레 겁을 먹은 형들은 마을로 내달렸다. 막내는 통을 짊어진 채 달려야 했다. 막내가 말했다.

"형들! 조금만 도와줘! 너무 무거워!"

형들은 막내에게 욕을 했다.

"형들! 너무 힘들어! 제발 도와줘! 너무 무겁단 말이야!"

이번에도 형들은 동생에게 욕을 퍼부었다. 그러다 옆에 있던 큰 나뭇가지가 부러지면서 막내가 넘어지고 말았다. 세상에! 통이 데굴데굴 굴러가 형들을 덮쳤다. 형들은 그 자리에서 죽었다. 막내는 집에 돌아와 부모님께 모든 이야기를 들려주었다.

악령을 죽인 청년

정말 찢어지게 가난한 청년이 폭 2미터, 길이 2미터의, 집이라고도 할 수 없는 집에서 혼자 살고 있었다. 집이 얼마나 좁은지 청년은 얼굴을 모로 한 채 누워야만 했다. 등 뒤에는 똥이 한가득이었고 앞에는 오줌이 넘쳐흘렀다. 벌레가 입안에 떨어지면 들짐승 대신이라 생각하고 먹었으며 파리가 입안에 들어오면 날짐승 대신이라 생각하고 먹었다. 어느 날 눈을 뜨고 위를 보니 낯모르는 여인이 다리를 건들건들 흔들면서 머리를 빗고 있었다. 여인은 빙긋빙긋 웃으면서 청년에게 말했다.

"이봐! 밖에 나가서 세상이 어떻게 돌아가는지 봐 두는 게 좋지 않겠어? 어차피 조금 있으면 죽을 거잖아!" 여인의 말이 끝나기 무섭게 청년은 눈을 크게 뜨고 여인을 바라보았다. 그런데 여인은 어느새 사라지고 없었다. 너무 오래 누워 있던 탓에 베개가 얼굴 한쪽에 붙어 떨어지지 않았다. 얼굴에 베개를 붙인 상태에서 두 손으로 더듬어 문을 찾았다. 문은 침대가 끝나는 곳에 있었다. 다시 문을 이리저리 더듬어 문고리를 찾았다. 문고리를 잡고 문을 열려다 되레 문에 머리가 부딪히면서 뒤로 넘어져 정신을 잃었다.

잠시 뒤 정신을 차리고 일어나 보니 온몸이 똥투성이가 아닌가! 퉤 퉤 퉤! 다시 문고리를 잡은 뒤 문에 쾅 하고 몸을 던졌다! 우당탕탕 쾅쾅! 앗! 드디어 문이 열렸다. 청년은 밖으로 데구루루 굴러 나왔다. 뛰어 일어나 몸 이쪽저쪽을 만져 보았다.

"아직 멀쩡하군!"

청년은 일단 바닷가로 가기로 했다. 바닷가 작은 언덕에 키가 큰 아름드리나무가 자라고 있어 나뭇가지를 꺾어 들고 주위를 둘러보았다.

"내가 아직 살아 있긴 하구나! 이곳에 와서 나뭇가지도 꺾었잖아?"

바닷물은 거울처럼 맑고 잔잔했다. 물에 가서 자신의 모습을 비춰 보았다. 어떤 청년이 베개를 얼굴에 붙인 채 물을 들여다보고 있는 것이 아닌가! 예기치 않았던 자신의 모습에 적잖이 당황한 청년은 얼굴에 붙은 베개를 떼어 버린 뒤 바닷가로 정신없이 달려 나와 어디로 갈 것인지 곰곰이 생각했다.

'바다 왼쪽으로 가면 악령들은 없지만 여인들이 못생겼을 것이고 바다 오른쪽으로 가면 여인들은 예쁘지만 악령들이 우글거릴 텐데. 어떻게 하지…. 그래도 예쁜 여인들이 있는 곳으로 가는 게 낫겠어.'

이렇게 생각하면서 바다 오른쪽으로 달려갔다. 청년이 바닷가 만에 도착하자 해가 꼴딱꼴딱 서산을 넘어가고 있었다. 만의 입구에는 몇 아름이 넘는 낙엽송 한 그루가 서 있었고 그 아래에는 악령의 덫이 있었다. 덫은 사람의 형상이었는데 친절하게도 머리, 몸통, 다리가 들어갈 곳이 따로 마련되어 있었다. 청년은 덫에 들어가 누운 뒤 머리를 살짝 위로 들어 보았지만 들리지가 않았다. 다리를 움직여 보았지만 움직일 수가 없었고 손을 들어 보았지만 들 수가 없었다. 하는 수 없이 그렇게 누워 있었다. 드디어 해가 서산으로 꼴딱 넘어갔지만 아직 노을빛이 잔잔하게 남아 있었다. 이때 바다 오른쪽에서 악령이 날아와 바다 오른쪽을 응시하고 있는 나뭇가지에 앉아 말을 했다.

"아이구야, 정말 피곤하다!"

이 말을 끝내고 악령이 덫을 보았는데 웬 젊은 녀석이 팔다리를 쫙 벌리고 누워 있는 것이 아닌가! 그 순간 환성을 질렀다.

"우와! 피곤하긴 하지만 운이 좋은데!"

그때 바다 오른쪽에서 다른 악령이 날아와 청년에게 눈독을 들이면서 싸움질이 시작되었다.

"무슨 말이야. 내가 너보다 먼저 와 있었어."

"그럼 이게 네 덫이란 말이야?"

"어쨌든 네 덫은 아니잖아?"

그 순간 바다 왼쪽에서 날아온 악령이 바다 왼쪽을 응시하고 꼿꼿이 선 나무의 가지에 앉았다. 그 순간 바다 오른쪽 악령들은 싸움질을 멈춘 뒤 뒤도 안 돌아보고 달아났다. 바다 왼쪽에서 온 악령들의 말투는 무척 거칠었다.

"에이, 제기랄! 더럽게 피곤해!"

그러다 덫을 발견하고는 탄성을 질렀다.

"세상에 이게 웬 떡이냐!"

그때 언덕에서 악령 한 마리가 날아왔다. 하지만 바다 왼쪽에서 날아온 악령을 보더니 뒤도 안 돌아보고 높은 곳으로 날아올랐다. 그와 동시에 갑자기 바다 가운데서 이상한 소리가 울려 퍼졌다. 언덕에서 날아온 악령은 귀를 기울여 들였다. 귀청을 째는 듯한 날카롭고 기분 나쁜 소리였는데 무슨 소리인지 도저히 알 수가 없었다. 소리가 잠잠해지자 이번에는 소름 끼치는 웃음소리가 들렸다. 크하! 크하! 크하! 언덕에서 온 악령은 다시 귀를 기울여 듣더니 겁에 질려 집으로 줄행랑을 쳤다. 바다 가운데 사는 악령이 날아왔는데 확실한 여자 목소리로 말했다.

"입에 물고 오고 겨드랑이에 끼고 오지. 크하! 크하! 크하!"

이 악령은 바다를 보고 자라는 나무의 가지에 앉았다. 아쉬움이 남은 바다 왼쪽 악령이 다시 나타나서 이리저리 둘러보자 바다에서 온 여자 악령이 말했다.

"하여간 냄새는 잘 맡아. 냄새를 맡고 여기에 온 것 같은데…. 저게 네 덫이냐? 여기에는 웬일이냐?"

그러자 바다 왼쪽 악령은 찍소리도 못 하고 그길로 꽁지가 빠져라 달아났다. 바다에서 온 악령이 가만히 보면서 말했다.

"참 이상한 덫이로군. 누구도 풀어 보려 하지 않네. 그렇게 오랜 세월 사냥을 했어도 이렇게 생긴 동물은 처음 보는데…. 악령들이 이 동물의 냄새를 맡고 몰려왔군!"

청년이 말을 했다.

"바다 오른쪽 악령들이 가장 먼저 왔고 바다 왼쪽 악령이 두 번째로 왔어. 바다 왼쪽 악령이 날아오자 바다 오른쪽 악령들은 찍소리도 못 하고 이곳을 떠났어. 바다 왼쪽 악령은 언덕 쪽 악령의 목소리를 듣고 줄행랑을 쳤다가 다시 나타났어. 언덕 쪽 악령은 네 목소리를 듣더니 아무 말도 하지 않고 떠났어. 결국 바다 왼쪽 악령만 남게 된 거지."

"이상한 동물이로군! 별걸 다 가르쳐 주는군. 별일이야. 어쨌든 악령들이 줄행랑을 친 이유가 그렇다는 거지!"

이렇게 말하면서 청년에게 달려들었다. 청년은 그 이후의 사태는 기억이 나지 않는다. 정신을 차리고 보니 마치 꿈을 꾸는 것 같았다. 악령은 청년을 데리고 귀에서 쌩쌩 소리가 날 정도로 빨리 날아가고 있었다. 불이 이글거리는 곳으로 청년을 데리고 갔다. 불 때문에 사방이 대낮처럼 환했다. 이미 무수히 많은 악령들이 쇠로 만든 수갑을 준비하고 있었다. 악령이 청년을 불 옆에 던지니 사방에서 악령들이 달려들었다. 누구는 청년의 다리에, 누구는 팔에 수갑을 채운 뒤 집 안으로 끌고 갔다. 안에 들어갔더니 수갑을 찬 중년 남자가 있었고 그와 조금 떨어진 곳에 이제 막 소년티를 벗은 청년이 수갑을 차고 있었다. 그 옆에는 이 청년보다 어려 보이는 젊은 아가씨가 묶여 있었다. 악령들은 청년을 구석에 묶은 뒤 털이 더부룩한 흰 개 두 마리와 검은 개 두 마리를 청년의 양쪽에 묶어 놓았다. 악령들이 말했다.

"이 동물을 구울 장작을 준비하시오. 이 동물은 무척 힘이 세기 때문에 오랫동안 묶어 두면 안 될 것 같소. 내일 당장 죽입시다."

하인들이 모닥불을 지폈다. 모닥불이 무서울 정도로 아주 강렬하게 활활 타올랐다. 청년이 몸을 살짝 움직이자 수갑이 철컹 소리를 냈고 개들이 철컹 소리에 맞춰 공허하게 컹컹 짖어 댔다. 하인들이 불을 들어 청년을 살펴본 뒤 아무 일 없다는 사실을 확인하고 돌아갔다. 청년이 중년 남자에게 물었다.

"어떻게 하다 이런 불행을 당하게 되었소?"

"흑담비 사냥을 하다 붙잡혔소."

"어느 가문 출신이오?"

"산신의 아들이오."

청년이 이번에는 다른 청년에게 물었다.

"어떻게 하다 이렇게 되었소?"

"막내 여동생하고 배를 타고 옆 마을 장인의 집에 갔다가 붙잡혔소."

"어느 가문 출신이오?"

"하늘 신의 자식들이오."

그렇게 이들은 한밤중까지 묶여 있었고 청년은 샤먼 의식을 시작했다.

"오! 조상님들! 도와주세요! 언덕 쪽 모닥불과 바다 쪽 모닥불 옆에 있는 것들은 모두 잠에 빠져라!"

청년이 샤먼 의식을 마치자 언덕 쪽 모닥불과 바다 쪽 모닥불 옆에 있는 하인과 개들이 기어 나와 침대에 가서 잠에 곯아떨어졌다. 악령들도 모두 취한 듯 잠이 들었다. 다시 샤먼 의식을 하면서 옛날에 철 쥐를 구해 준 조상을 불러 철 쥐에게 수갑을 갉게 해 달라고 부탁했다. 샤먼 의식을 마치자 구석에서 철 쥐가 불쑥 튀어나왔다.

"얘야! 왜 불렀어?"

"할머니! 악령들에게 붙잡혔는데 도와주세요. 저를 좀 풀어 주세요."

쥐가 기둥을 타고 올라가 수갑을 갉아서 청년을 풀어 주었다. 청년은 중년의 남자를 풀어 주면서 집으로 가라고 했다. 산신의 아들이 말했다.

"집으로 돌아갈 때 나에게 꼭 들렀다가 가야 돼! 기다릴게!"

청년은 하늘 신의 아들이 보는 앞에서 막내 여동생의 오른손 새끼손가락을 잘라 삼켰다. 그리고 신발의 목에서 칼을 꺼내 아가씨를 죽인 뒤 오빠의 수갑을 끊어 주자 오빠가 물었다.

"집에 가려면 어디로 가야 하죠?"

청년은 하늘 신의 아들을 밖으로 데리고 나가 머리를 잡고는 하늘 신의 집 쪽으로 힘차게 던졌다.

"집까지 무사히 가길!"

모든 일을 마친 청년은 밖으로 나가 언덕을 향해 하염없이 걸어가다 작은 집을 발견했다. 문을 열고 안으로 들어갔더니 키가 어마어마하게 큰 할머니가 있었다.

"할머니! 신령님 부부가 죽어 가고 있어요. 아파서 데굴데굴 구르고 있는데 저보고 치료약을 구해 오래요."

"애야! 철 상자 안에 치료약이 있는데 철 상자는 내 배 속에 있단다."

"할머니! 그럼 어떻게 해야 하죠?"

청년은 이 말이 끝나기 무섭게 칼을 들어 할머니의 배를 위에서 아래로 잘랐다. 그 순간 철 상자가 떽떼구루루 굴러 떨어졌다. 청년이 철 상자를 여니 뱀과 도마뱀이 기어 나왔다. 청년은 한 마리도 놓치지 않고 모두 밟아 죽였다. 그러자 알이 일곱 개 나왔다. 알은 두 개씩 쌍으로 되어 있었는데 하나만 홀로 있었다. 바로 이 알에 할머니의 영혼이 있었다. 청년이 알을 들자 할머니가 말했다.

"얘야! 조심해라. 그건 내 영혼이란다."

"할머니! 입을 아주 크게 벌려 보세요. 알을 입안으로 던질게요."

할머니가 입을 크게 벌리자 청년은 어떻게 던질 것인지 가늠해 보았다. 할머니의 눈썹 사이에 던지자 알이 산산조각 나면서 할머니가 그 자리에서 황천길로 갔다. 청년은 나머지 알을 들고 그 집에서 나와 악령들의 집으로 갔다. 그때 문 옆에 있던 악령이 잠에서 깨어나 소리쳤다.

"이 하인 놈들아, 모두 잠이 들었느냐 아니면 다 죽어 버린 것이냐?"

청년이 대답했다.

"할아버지! 당신의 짐승들은 다 도망갔어요."

그렇게 말한 뒤 악령의 멱살을 잡으면서 알 두 개를 보여 주자 아직 잠이 덜 깬 악령이 잠결에 소스라치게 놀라 소리쳤다.

"그런 짓은 하지 마! 머리에 털도 안 난 어린아이가 그런 장난감을 가지고 놀다니…. 그건 내 장난감이야!"

"할아버지! 입을 크게 벌려 보세요! 알을 넣어 드릴게요. 할아버지가 이 알을…."

악령이 있는 힘껏 입을 벌렸다. 청년은 악령의 눈썹 사이에 알을 던졌다. 알이 깨지면서 악령이 죽었다. 그들 뒤에 있는 다른 악령들은 아직 꿈속에서 헤매고 있었다. 청년은 그들 중 한 악령을 발로 찼다. 악령이 놀라 잠에서 깨어나자 청년이 말했다.

"할아버지! 당신의 짐승들은 모두 도망갔어요."

악령이 청년을 잡으려 했으나 청년은 앞에서 했던 것처럼 거짓말을 해 이 악령도 죽였다. 맨 끝에 자고 있는 악령도 발로 차서 잠에서 깨어나게 했다. 악령이 잠에서 깨어나 청년을 잡으려 했으나 아슬아슬하게 청년을 놓치고 말았다. 그 순간 청년이 알을 깨뜨리자 외마디 비명과 함께 바닥에 쓰러졌다. 청년이 말했다.

"할아버지! 벽에 조금 더 가까이 가세요. 그럼 할아버지에게 영혼을 드릴게요."

악령이 벽 쪽으로 기대서자 청년이 말했다.

"할아버지, 입을 크게 벌려 봐요! 자, 입을 벌리세요!"

악령이 입을 크게 벌리자 청년이 주문을 외웠다.

"천장을 뚫고 나가 나무가 되어라."

악령은 나무가 되었다. 그렇게 악령들을 모두 죽였다.

밖으로 나가 바다 오른쪽으로 걸어가다 보니 긴 곶 옆에 천막이 쳐져 있었다. 근처에 불을 피워 놓아 사방이 환한 대낮 같았다. 가까이에 가 보니 사람들이 많아도 정말 너무 많았다. 도대체 무슨 일일까! 가서 보니 먼바다에 작은 집이 매달려 있는데 그 안에는 바다 신의 딸이 있다고 했다. 바다 신의 딸은 자신을 찾아오는 남자와 결혼을 할 계획이라고 했다. 이 바다에는 아주 거대하고 무시무시한 괴물들이 살면서 연신 물 위로 올라왔다 내려갔다 하고 있었다. 바다 신의 딸에게 가려던 수많은 청년들은 그곳까지 가 보지도 못한 채 물에 빠져 괴물들의 먹이가 되었다.

청년은 하룻밤을 자고 다음 날 아침 해가 떠오르자 활을 쏘면서 화살에게 말했다.

"화살아! 먼바다에 있는 창고에 가서 꽂혀라."

화살은 정말 먼바다의 창고에 날아가 꽂혔다. 다른 화살을 차례로 쏘니 화살들이 모두 꼬리에 꼬리를 물면서 자리를 잡았다. 청년은 한걸음에 화살 사이를 뛰어 건너가면서 건너뛴 화살은 다시 거두어서 가지고 갔다. 그때 뒤에서 목소리가 들렸다.

"이봐, 나도 데리고 가! 한번 보기라도 하게!"

그러나 개의치 않고 청년은 쉬지 않고 달려 바다 집에 도착한 뒤 첫 번째 화살을 뽑아 문 쪽으로 달려갔다. 이게 어찌 된 일인가! 문의 형상은 있는데 손잡이가 없었다. 청년은 어떻게 열어야 할지 골똘히 생각했다. 그래서 이마 위의 머리카락을 뽑아 입김을 분 뒤 문 가장자리에 걸고 끌어 올렸더니…. 문이 활짝 열렸다. 안으로 들어가니 아가씨가 몸을 돌려 청년을 바라보았다. 아가씨는 얼굴이 빨개진 채 고개를 숙이면서 바느질감을 한쪽으로 밀어 놓았다. 여인은 일어나서 선반에 놓인 바늘 100개를 손바닥에 올려놓은 뒤 입김을 불었다.

"100개의 바늘아! 저자를 쫓아가라. 저자가 뛰면 같이 뛰고 걸으면 같이 걸어라. 저자와 똑같이 행동하면서 저자를 따라가서 뒤쪽 벽에 박아 놓아라."

입김을 불자 바늘이 청년과 똑같이 행동을 했다. 청년이 뛰면 바늘도 뛰었고 청년이 어슬렁거리면 바늘도 어슬렁거렸다. 바늘이 청년에게 가까이 다가오자 청년이 "후우!" 입김을 불었다. 기세등등하던 바늘은 청년의 손바닥 위로 힘없이 팩팩 널브러졌다. 그러자 아가씨는 옷 안에서 무언가를 꺼내 청년에게 던졌다.

"자! 저자를 쫓아가거라. 저자가 뛰면 같이 뛰고 걸으면 같이 걸어라. 저자와 똑같이 행동하면서 저자를 따라가서 뒤쪽 벽에 박아 놓아라."

아가씨가 던진 것이 무엇인지 알 수 없지만 아가씨가 입김을 불자 청년과 똑같이 행동을 했다. 청년이 뛰면 같이 뛰었고 청년이 어슬렁거리면 같이 어슬렁거렸다. 옆에 왔을 때 청년이 "퉤!" 침을 뱉었더니 청년의 발 옆에 툭 떨어지면서 물이 되었다. 아가씨가 청년을 뚫어지게 바라보았다. 얼굴이 빨개졌다. 고개를 숙인 채 다리와 머리에서 환한 빛을 내면서 어디론가 사라졌다. 아가씨의 뒤를 쫓아간 청년은 칼을 들어 모퉁이의 커튼을 위에서 아래로 다시 아래에서 위로 찢었다. 그 순간 아가씨가 청년의 발밑에 쓰러졌다. 잠시 후 아가씨는 얼굴뿐만 아니라 온몸이 빨개져서 벌떡 일어났다. 그제야 청년이 웃으면서 농담을 걸었다.

"그래, 당신의 놀이는 이제 끝났소?"

"예! 끝났습니다."

둘은 결혼을 했다. 아침에 밖으로 나가 바닷가를 보았다. 바다 신의 딸이 결혼했다는 소식에 청년 몇몇은 자살을 했고 몇몇은 집으로 돌아갔다. 사흘 뒤 청년이 아내에게 말했다.

"여러 동물 형상을 만들어 창고에 넣은 뒤 우리를 산신의 집으로 데려다 달라고 하시오."

아내는 여러 동물 형상을 만들어 창고에 넣고는 채찍질을 했다.

"우리를 산신의 집으로 데리고 가거라!"

그러자 허공중에 매달려 있던 창고가 날아갔다. 창고는 한참을 날아가다 산신의 집 앞에서 멈추었다. 그러자 청년이 구해 준 남자가 가장 먼저 집에서 한달음에 뛰어나왔다. 그 뒤로 산신 부부가 웅성거리면서 밖으로 나왔다. 청년은 창고에서 계단을 타고 내려왔다. 청년이 구해 줬던 산신의 아들은 청년 부부를 안으로 초대했다. 산신의 아들은 청년 부부에게 맛있는 음식을 대접했고 자신의 여동생을 청년에게 주었다. 그날 첫째 아내는 창고에서 잤고 청년은 산신의 딸과 산신의 집에서 잤다.

다음 날 집으로 향했다. 집에 왔더니 문은 부서졌고 모퉁이는 무너져 내려 말이 집이지 폐가나 다름없었다. 청년이 밖으로 나와 하늘 신 딸의 오른손 새끼손가락을 손바닥에 뱉어 땅에 꽂자 이내 젊은 아가씨로 변했다. 청년이 말했다.

"자, 이제 우리는 모두 네 사람이오. 모두 한 귀퉁이에 서서 집을 발로 차면서 '집아! 멋지고 웅장하게 변해 다오!' 하고 외칩시다."

네 사람은 이렇게 외치면서 집을 발로 찼다. 그러자 집이 멋지고 웅장한 모습으로 변하는 것이 아닌가! 모두 집 안으로 들어갔다. 하늘 신의 딸인 하늘 여인이 바다 쪽에, 바다 신의 딸인 바다 여인이 언덕 쪽에 가서 서자 바닥이 각각 은과 구리로 변했다. 여인들은 창고에서 물건을 가지고 와 자신들의 침대를 꽃단장했다. 그들은 오래도록 행복하게 살았다. 아내들은 모두 아이들을 낳았는데 아버지보다 훨씬 용감하고 강했다.

악령을 죽인 산신의 창

높은 산으로 둘러싸인 계곡 한가운데 어부가 아내, 아들과 살고 있었다. 아들은 아직 어렸다. 이제 겨우 걸음마를 시작했다. 그런데도 아버지는 매일 아들을 강으로 타이가로 데려가 물고기 잡는 법과 동물 사냥하는 법을 가르쳤다. 아들은 쑥쑥 자라 곧 청년이 되었고 드디어 아내를 구할 때가 되었다. 그런데 이들 가문에는 신랑이 직접 신부를 구해야 한다는 원칙이 있었다. 근처뿐 아니라 아주 멀리 떨어진 마을에도 아가씨라고는 눈 씻고 찾아봐도 없었다. 청년은 아무리 멀고 험난한 길이라도 직접 가서 아내를 구하기로 마음먹었다.

아들이 떠나기 전 엄마는 온갖 맛있는 음식을 장만해서 먹였다. 또 그 음식들을 조상님을 모셔 놓은 곳간에도 가져다 놓았다. 저녁에는 이 마을과 아들이 떠나려는 고장의 신에게 제물을 바치기 위해 나무 식기에 음식을 담아 타이가로 갔다. 엄마는 음식을 차리면서 빌었다.

"간절히 빌고 또 빕니다! 아들이 무사히 다녀오게 해 주세요. 아프지 않게 해 주시고 흉포한 짐승을 만나 목숨을 잃는 일이 없게 해 주세요."

평소보다 일찍 일어난 청년은 태양이 뜨는 곳을 따라갔다. 오랫동안 걸었다. 좁은 계곡과 산을 지나갔고 얕은 개울과 강도 지나갔다. 떠날 때 엄마가 싸 주신 음식은 이미 오래전에 바닥이 났고 담배는 떨어졌다. 청년이 무척 아껴 먹는 말린 알만 조금 남아 있었다. 알은 포만감을 안겨 주고 오랫동안 걸을 때 오는 갈증을 무척 깔끔하게 해소해 준다. 그런 알도 드디어 끝이 났다. 청년은 덫으로 짐승과 새를 잡아 끼니를 해결하면서 계속 길을 갔다.

겨울이 되었다. 도중에 눈보라를 만났다. 눈보라가 얼마나 심한지 길이 눈에 파묻혀 버렸다. 눈보라가 끝나자 청년은 길을 잃었다는 것을 깨달았다. 그러나 당황하지 않고 높은 산에 올라가서 주위를 둘러보았다. 아래쪽 작은 계곡에서 연기가 피어나고 있었다. 앗! 사람이 살고 있다는 말이 아닌가! 청년은 날아갈 듯이 기뻤다. 스키를 만들어 거침없이 달려갔다.

곧 마을이 나타났다. 마을의 가장자리에 집이 있어 두드렸다. 누군가 나오지 않을까? 그런데 아무도 나오지 않았다. 결국 청년이 안으로 들어갔더니 아가씨가 난로 옆에 앉아 있었다. 아가씨는 아무 말도 하지 않은 채 물끄러미 청년을 바라보았다.

"먹을 것 좀 주세요. 숲에서 길을 잃었어요. 배가 너무 고파요!"

아가씨는 생선과 바다표범 비계가 담긴 그릇을 내놓았다.

"드세요!"

청년은 배불리 먹은 다음 난로 옆에 앉았다.

"이제 곧 밤이오. 당신 집에서 하룻밤 자게 허락해 주시오."

"그러세요. 이 침대에서 주무세요."

아가씨는 어깨를 움츠린 뒤 따뜻한 웃옷으로 몸을 감싸면서 눈물을 흘리기 시작했다.

"왜 우세요?"

"숲의 악령이 저희 때문에 화가 나서 여자 남자 가리지 않고 모두 죽이고 있어요. 내일은 제가 죽을 차례예요."

"두려워하지 마시오. 내가 구해 주겠소."

"많은 무사들이 그렇게 말을 했지만 모두 숲의 악령에게 죽고 말았어요. 하지만 저 산에 있는 산신의 창을 손에 넣게 되면 숲의 악령을 물리칠 수 있다고 하더군요. 그 창만 있으면 누구든 다 이길 수 있다는 이야기를 들었어요. 그런데 그 창은 산신이 가지고 있대요. 산신의 창 없이 악령과 겨루는 것은 불가능해요."

청년은 아무 말도 하지 않았다. 아침에 청년은 활과 화살을 들고 스키를 타고 산으로 갔다. 마을을 벗어나자마자 아가씨에게 얻어 온 담배를 꺼내 땅에 파묻으면서 빌었다.

"땅아! 내가 악령을 물리치고 살아남을 수 있게 도와줘!"

청년은 산 여기저기를 샅샅이 살펴본 뒤 스키를 벗어 놓고 나무뿌리나 작은 나무를 잡으면서 절벽을 따라 올라갔다. 절벽에 올라가서 뒤를 돌아보니 너무 높아서 정신이 아득해졌다. 하마터면 현기증이 나서 뒤로 나가자빠질 뻔했다. 그 순간 산신이 굵은 장대를 들고 청년을 향해 돌진해 왔다. 청년은 때를 놓치지 않고 재빨리 몸을 비켰다. 산신이 또 돌진해 오는 찰나 청년이 장대로 산신을 내리치면서 결투가 본격적으로 시작되었다.

곧 두 사람의 장대는 산산조각 났지만 청년은 한 치도 물러서지 않았다. 청년이 있는 힘껏 산신을 내리치자 청년의 앞에는 산신이 아니라 거대한 곰이 나타났다. 청년은 칼을 꺼내 기회를 엿보다가 곰의 옆구리를 찔렀다. 곰이 으르렁대면서 땅에 주저앉는 순간 가죽이 찢어지면서 부리가 아주 크고 발톱이 긴 거대한 새로 변했다. 새는 하늘로 잽싸게 날아오르면서 청년에게 돌을 던진 뒤 언덕 너머로 사라졌다. 잠시 후 새가 다시 날아왔다. 청년은 그 순간 활을 들어 새에게 쏘았다. 명중이었다! 새가 전나무 위로 떨어졌는데 나뭇가지가 부러지면서 눈 속에 꽂혔다. 청년이 다가갔더니 벌써 어디론가 도망을 가고 없었는데 나무 옆에는 끝이 크고 넓은 언뜻 보기에도 육중한 창이 세워져 있었다. 청년은 창을 들어 아름드리나무 그루터기에 던졌다. 나무가 조각조각 쪼개졌다. 청년은 진짜 놀랐다.

"이게 아가씨가 말한 산신의 창인가…. 진짜 신기한 창이로군! 아닌 게 아니라 누구든 이길 수 있을 만큼 훌륭한데!"

산에서 내려와 아가씨의 집으로 향했다. 개울 근처 숲속에서 누군가 쩝쩝 소리를 내면서 게걸스럽게 먹는 소리가 들렸다. 숲을 헤치고 가 보았더니 풀밭에 덩치가 어마어마하게 큰 사람이 순록을 잘라 덩어리째 먹고 있었다. 그 사람의 입에는 아래 송곳니 두 개가 길게 솟아 있고 머리에는 뿔이 자라고 있었다. 청년이 생각했다.

'참 이상하게도 먹는군. 저자가 아가씨가 말한 숲의 악령 같은데….'

청년은 창을 숲의 악령에게 던졌다. 공포에 가까운 울부짖는 소리가 타이가에 울려 퍼졌고 악령은 개울로 떨어졌다. 창은 부러졌지만 창날은 악령의 몸에 꽂혀 있었다. 악령은 점점 쪼그라들었고 육중한 창날은 악령을 개울 바닥으로 끌고 갔다.

청년은 아가씨에게 돌아와 악령을 물리친 이야기를 했

다. 청년은 썰매를 단장한 뒤 아가씨와 함께 집으로 가서 부부가 되었다. 용감한 청년 이야기는 바람을 타고 이 마을에서 저 마을로 삽시간에 퍼져 나갔다.

악령을 물리친 무사 이야기

먼 옛날 바다 한가운데 섬 세 개가 있었다. 가운데 섬에는 가지가 양 갈래로 나뉜 낙엽송이 자라고 있었다. 한 가지는 석양이 지는 곳, 한 가지는 태양이 뜨는 곳을 향했다. 파도도 치지 않는 무척 화창한 어느 날 태양이 떠올랐다. 태양이 뜨는 곳을 향한 나뭇가지에 사내아이가 누워 있는 요람이 걸려 있었다. 태양이 뜨는 곳에서는 백조 아홉 마리가, 태양이 지는 곳에서는 학 아홉 마리가 아이에게 날아왔다. 새들이 아이에게 젖을 먹였다. 아이는 백조와 학의 젖을 먹으면서 무럭무럭 자랐다. 이제 아이에게 요람은 좁고 답답했다. 어느 날 아이가 심하게 울면서 몸부림을 치자 요람의 줄이 끊어지면서 아이가 땅으로 떨어졌다. 아이는 요람을 벗어나 땅에 뒹구는 순간 벌써 기어 다니기 시작했다. 아이는 섬에서 작은 벌레, 오징어, 낙지 등을 잡아먹었고 몇 시간 뒤에는 이미 걸어 다니기 시작했다.

어느 날 바다에 배가 나타났다. 배는 해변으로 다가왔다. 아이를 발견한 뱃사람은 무척 놀랐는데 사람을 발견한 아이도 놀란 건 마찬가지였다. 아이가 낙엽송 뿌리 사이에 숨자 뱃사람이 낙엽송에 가서 아이를 찾아냈다.

"어머, 정말 잘생긴 사내아이네. 행운이야. 이 아이를 집에 데리고 가야겠군."

아이를 배에 태운 뒤 가던 길을 재촉했다. 오랫동안 바다를 떠다녔다. 드디어 해변이 어슴푸레 보였다. 해변에는 제법 멋있고 웅장한 집 한 채가 서 있었다. 해변에 배를 정착시키니 집에서 한 여인이 해변으로 내려왔다.

"저 배에 아이가 있으니 빨리 집 안으로 데리고 들어가시오."

아내는 아이를 집으로 데리고 들어갔다. 아이는 조각처럼 잘생겼는데 이리저리 뛰어다니면서 놀았고 가끔은 말도 했다.

"엄마, 아빠! 활과 화살을 만들어 주세요!"

"우리 아들이 사냥 놀이를 하게 활과 화살을 만들어 주세요! 이 아이는 새와 동물을 잡을 거예요."

아들은 하루가 다르게 아니 일분일초가 다르게 커 갔다. 몇 시간 뒤 아버지가 말했다.

"내일 떠나겠소. 당분간 아들과 둘이서 지내야 할 것이오. 아들아! 멀리 나가지 마라. 집 근처에서만 놀고 새 사냥만 해라."

다음 날 아침 남편이 말했다.

"여보! 지금부터 오래전에 우리 부모님을 죽인 악령에게 복수를 하러 갈 것이오. 1년 뒤에 돌아오겠소. 1년 뒤에도 돌아오지 않으면 내가 죽었다고 생각하시오."

아버지는 활과 화살을 들고 길을 떠났다. 엄마와 아들만 집에 남겨졌다. 어느새 1년이 훌쩍 지나갔다. 아들이 말했다.

"어머니! 아버지가 악령을 물리치지 못한 것 같아요. 제가 악령과 싸우러 가겠어요."

"아들아! 가지 마라. 나 혼자 어떻게 지내니? 너무 무섭구나."

"어머니! 가야겠어요. 악령이 아버지를 죽인 것 같아요."

"그래 알았다! 그렇게 하도록 해라"

아침에 일어나 활과 화살을 둘러메고 스키를 타고 집을 나섰다. 오랫동안 걷다 보니 어느새 주위에 어둠이 내려앉았다. 앞에 큰 낙엽송이 보여 그곳으로 다가갔다.

"오늘은 낙엽송 밑에서 자야겠군. 아주 좋아 보이는데…."

오랫동안 자고 일어났는데 갑자기 위에서 요란한 날갯짓 소리가 들렸다. 나무 위에 누군가 앉아 파드득거렸다.

"어머! 이게 웬 떡이야! 내 덫에 무언가 걸렸네. 신선하고 산뜻한 사람 냄새가 나는데."

악령이 날아왔다. 청년이 일어나려 했으나 손발이 달라붙어 일어날 수가 없었다. 악령은 철 그물에 청년을 집어넣은 뒤 등에 짊어지고는 어디론가 떠났다. 오랫동안 걸어 큰 강의 상류로 올라갔다. 거기에서부터 또 아주 오랫동안 걸어 드디어 큰 집에 도착했다. 악령에게는 세 아들이 있었다. 큰아들은 머리가 두 개, 둘째 아들은 머리가 세 개, 셋째 아들은 머리가 여섯 개였다. 악령이 말했다.

"아들들! 너무 힘들어! 도와줘! 살이 포동포동하게 찐 싱싱한 청년이야. 내가 무수히 많은 사람을 잡아서 끌고 왔지만 이렇게 무거운 놈은 처음이야. 지독하게 무거워. 들어서 땅에 조심스레 내려놔. 무사의 아들인 것 같아. 이 놈은 우리에게 아주 위험한 존재가 될 거야. 하여튼 조심스럽게 다뤄!"

악령의 아들들은 청년을 집으로 끌고 가서 바닥에 내팽개쳤다.

"아들들! 내일 아침에 죽이자! 무척 살이 많아. 개를 데리고 와서 망을 보라고 해."

아들들이 개 두 마리를 끌고 왔고 악령은 곧 잠이 들었다. 청년은 눈물을 흘리면서 애원했다.

"조상님들! 철 쥐가 되어 이리 오셔서 저를 도와주세요. 곧 악령이 저를 죽일 거예요. 빨리 이리로 오셔서 철 그물을 풀어 주세요."

잠시 뒤 땅 밑에서 쥐들이 찍찍거리는 소리가 들렸다. 곧

쥐가 철 그물을 풀어 주어 청년은 자유의 몸이 되었다. 악령에게는 아주 큰 망치가 있었다. 청년은 이 망치로 악령의 머리를 내리쳤다.

"악령아! 당신의 먹이가 풀려났어. 일어나! 빨리 일어나!"

정신을 잃을 만큼 크게 놀란 악령이 자리에서 벌떡 일어났다.

"아들들! 먹이가 풀려났어!"

아들들도 일어났다. 청년은 밖으로 나갔다.

"악령아! 이리 나와라! 나는 무사의 아들이다! 싸워 보자!"

"좋다! 한판 붙자!"

청년과 악령이 맞붙어 싸우기 시작했다. 잠시 후 악령이 밀리기 시작하더니 조금 더 지나니 악령은 싸울 기력이 더 이상 남아 있지 않은 듯 보였다.

"이봐, 청년! 이제 그만하자! 이걸로 충분해!"

"무슨 소리냐! 네가 죽는 순간이 끝이다! 네가 더 세다면 나를 죽여라."

싸움은 계속되었다. 청년이 악령의 팔을 두 동강 내자 악령은 그 자리에서 최후를 맞이했다. 머리 두 개인 아들이 나오자 청년이 말했다.

"그래, 싸울 것이냐?"

"주먹으로 싸우자."

"그럼 네가 먼저 공격해라."

악령이 먼저 청년을 때렸고 청년은 고꾸라지면서 복사뼈가 땅에 닿았다. 이번엔 청년이 악령을 때리자 악령은 무릎이 땅에 닿으면서 고꾸라졌다. 악령이 말했다.

"이 정도면 됐다. 이제 끝내자. 더 싸울 힘이 없다."

"끝이란 없다. 내가 너희를 모두 죽일 때가 끝이다. 너희는 무수히 많은 사람들을 죽였다. 용서할 수가 없다. 이번에는 내가 너를 공격하겠다."

청년이 왼손으로 악령을 치는 순간 두 머리가 날아갔다. 곧 머리 셋인 악령이 나왔다.

"그래, 싸울 것이냐?"

"네가 원한다면 언제든지."

아주 오랫동안 싸웠다. 주위의 나무들이 모두 부러졌고 땅이 깊게 파였다. 악령이 말했다.

"잠시 쉬자."

"휴식이란 없다."

오랫동안 싸운 끝에 악령의 머리 하나가 잘려 나갔고 다시 오랫동안 싸운 결과 두 번째 머리 세 번째 머리가 모두 잘리면서 악령은 최후를 맞이했다. 청년은 너무 힘들고 지쳤다. 목에서 피가 흘렀다. 나무에 기대어 쉬는데 위에서 엄마의 목소리가 들렸다. 위를 보니 엄마가 학 옆에 앉아 있었다.

"아들아! 이 꾸러미를 받아 안에 있는 걸 꺼내 손과 다리에 바르거라."

꾸러미에는 큰사슴 기름이 있었다. 큰사슴 기름을 손과 다리에 바르고 비계를 먹었다. 기운이 샘솟는 것 같았다.

"이번엔 머리가 여섯 개 달린 악령과 싸워야 해요."

"악령아! 이리 나와라! 한판 붙자!"

"이봐! 내게 여동생이 있어. 싸우지 말고 이 여동생을 아내로 맞이하는 게 어때?"

"아니다. 네 여동생을 아내로 맞이할 생각은 추호도 없다. 너희 악령들의 숨통을 끊는다는 것은 네 여동생의 숨통도 끊겠다는 의미다. 네 여동생도 악령이다. 너희는 그동안 사람을 먹고 살았다. 네 여동생도 예외가 아니다. 네가 나보다 더 힘이 세면 나를 죽이면 된다. 내가 너보다 더 힘이 세면 내가 너를 죽일 것이다. 자, 이제 결투를 시작하자!"

밤낮 없이 싸웠다. 주위에는 아무것도 남아나지 않았다. 나무들은 모두 쓰러졌고 산이 점점 낮아지면서 평지로 변해갔다. 청년이 악령의 머리 두 개를 잘랐다. 다시 싸움이 시작되었고 머리 하나를 더 잘랐다.

"이제 충분해. 그만 싸우자. 네 종이 될게. 네가 힘센 자와 싸울 일이 생기면 내가 도와줄게. 우리 둘이 함께 살면 악령도, 힘센 사람도 두렵지 않아."

"안 된다. 싫다. 나는 악령의 아들과 친구할 생각이 없다. 계속 싸우다 내가 쓰러지면 나를 죽여라. 네가 쓰러지면 내가 너를 죽일 것이다. 자, 일어나라. 다시 싸우자."

다시 싸움이 시작되었고 청년이 말했다.

"신이시여, 도와주세요! 이 악령들은 살아 있는 한 계속 사람들을 잡아먹을 겁니다."

오랫동안 싸웠다. 청년이 악령을 치자 머리 하나가 날아갔고 또 치니 머리 하나가 또 날아갔다. 이렇게 해서 최후의 일격을 가하니 마지막 여섯 번째 머리가 날아갔다. 악령이 죽었다. 청년은 나무에 기대어 힘들게 숨을 몰아쉬었다.

"이제부터는 맘 편히 살 수 있겠구나. 산신이시여! 도와주셔서 감사합니다. 악령을 모조리 죽였습니다!"

칼로 악령을 물리친 쿨긴

먼 옛날에는 동물과 물고기가 지천에 널려 있었다. 니브흐인은 먹고 남은 동물과 물고기를 말려 창고에 보관했다. 니브흐인은 뭐 하나 부족함 없이 참 풍족하게 살았다. 어느 날 까마귀가 나타났는데 그 수가 어마어마했다. 니브흐인은 두려움에 몸을 사렸다. 창고에 갈 때도 짝지어 손에 막대기를 들고 갔다. 까마귀들은 말린 고기와 생선을 닥치는 대로 먹어 치웠다. 니브흐인은 졸지에 궁핍해졌다.

쿨긴은 언덕에 갔다가 날카롭지만 반짝반짝 빛이 나는 물체를 발견했다. 그 정체는 알 수가 없었다. 손으로 만져 보았는데 무척 단단했다. 풀에 대 보았더니 풀이 잘라졌다. 단단한 나무에 던졌더니 나무에 금이 갔다. 알고 보니 칼이었다. 쿨긴은 칼을 집으로 가지고 왔다.

까마귀가 더 많아졌다. 가을이 되면서 눈이 조금씩 땅을 덮어 갔다. 쿨긴은 칼을 들고 집에서 멀지 않은 곳으로 가서 까마귀를 소리쳐 불렀다. 까마귀가 새까맣게 몰려왔다. 그 순간 쿨긴은 인정사정없이 칼로 까마귀들을 죽이기 시작했다. 주위의 눈이 까만색으로 덮일 만큼 많은 까마귀를 죽였다. 까마귀가 눈에 띄게 줄어들었다. 갑작스러운 상황에 너무 놀란 까마귀들이 어디론가 숨어 버렸다. 그 이후 까마귀들이 오히려 니브흐인을 두려워하게 되었다.

니브흐인의 삶은 다시 윤택해졌다. 몇 년이 지났다. 어느 날 숲에 사냥을 갔던 사람들이 사라졌다. 며칠 뒤 그들은 혀가 잘린 시체로 발견되었다. 이에 분노한 쿨긴은 숲으로 갔다. 저녁 무렵 칼로 나무를 베어 큰 모닥불을 피우고 통나무 한 그루는 머리 아래, 한 그루는 다리 옆 모닥불 근처에 놓았다. 자려고 누웠는데 어디선가 소름 돋는 비명 소리가 들리더니 소리가 점점 가까워졌다. 비명 소리가 바로 옆에서 들린다고 느껴질 즈음 쿨긴은 일어나 모닥불을 살펴본 뒤 칼을 손에 쥐고 다시 누웠다.

그 순간 정체불명의 물체가 모닥불 바로 옆에 와서 자지러지는 비명 소리를 냈다. 얼마나 참기 힘들고 소름 끼치는 소리였는지 그 소리에 나무껍질이 벗겨졌다. 정체불명의 물체는 모닥불을 지나 쿨긴의 다리 옆 통나무에 오더니 통나무를 밟고 일어섰다. 쿨긴이 자세히 보니 다람쥐를 닮고 가슴이 흰색인 작은 악령 할로 핑이었는데 쿨긴을 보면서 입맛을 쩝쩝 다셨다. 쿨긴이 통나무를 발로 치자 악령이 저쪽으로 나가떨어졌다. 쿨긴은 악령을 쫓아가 칼로 반 토막 내어 죽였다. 그 이후 숲에 간 사람들이 사라지는 일도 없어졌다. 다시 평온한 삶이 이어졌다.

몇 년이 지난 어느 날 사람들이 강을 건너다 빠져 죽었다. 쿨긴은 친구들과 강으로 가 발로 강 밑을 조심스럽게 더듬으면서 건너기 시작했다. 그런데 불쑥 물에서 큰 손이 튀어나와 쿨긴의 다리를 우악스럽게 잡아당겼다. 그 순간 쿨긴은 칼로 손을 자르고 들여다보았다. 작은 바다표범으로 변신한 악령이었다. 이후 사람들이 물에 빠져 죽는 일도 없어졌다. 다시 또 고요하고 평화로운 삶이 이어졌다.

쿨긴은 칼로 곰과 동물을 사냥해 혼자 사는 사람들에게 나눠 주었다. 어느 날 곰 사냥에 성공한 쿨긴이 곰의 왼쪽 귀를 자르는 순간 곰이 도망을 쳤다. 몇 시간 뒤 죽은 고래가 해변으로 밀려왔다. 사람들은 고래 고기를 자르러 몰려갔고 쿨긴의 친구도 해변으로 갔다. 배를 가르자 고래의 배 속에서 왼쪽 귀가 없는 사람이 불쑥 튀어나오더니 쿨긴의 친구에게 다가왔다.

"쿨긴이 곰을 칼로 죽였소. 그래서 우리는 다시는 고향으로 돌아가지 못하게 되었소. 그 이후 사람들이 다른 무기로 곰 사냥을 하면서 비로소 고향에 돌아가게 되었소. 그래서 나는 쿨긴에게 감정이 안 좋소. 쿨긴에게 여기로 오라고 하시오. 올 때까지 기다리겠소."

친구가 쿨긴에게 가서 말했다.

"고래 배 속에서 한 남자가 나왔는데 왼쪽 귀가 없더군.

이 남자가 말하길 네가 칼로 곰을 죽이는 바람에 자신들이 고향으로 돌아가지 못하게 되었대. 너보고 자기한테 와 달라고 했어."

쿨긴은 이 남자가 언젠가 자신이 왼쪽 귀를 잘랐던 곰이라는 사실을 직감하고 친구에게 말했다.

"나와 함께 가자. 가까운 곳에 앉아 무슨 일이 벌어지는지 잘 봐."

함께 갔다. 친구는 가까운 곳에 앉아 무슨 일이 벌어지는지 지켜보았다. 쿨긴이 고래 근처로 다가가니 고래의 배 속에서 왼쪽 귀가 잘린 아주 큰 곰이 뛰어나왔다. 아주 무시무시하게 으르렁대면서 쿨긴에게 달려들었다. 쿨긴과 곰은 맞붙어 싸우기 시작했다. 곰은 쿨긴에게 조금도 밀리지 않을 정도로 정말 민첩했다. 하지만 쿨긴이 누구인가! 역시 쿨긴이 곰을 죽였고 친구와 마을로 돌아왔다.

어느새 몇 년이 훌쩍 흘렀다. 어느 날 밤, 거리에서 놀던 아이들이 사라졌다. 악령이 아이들을 훔쳐 갔는데 아무도 이 사실을 몰랐다. 쿨긴이 친구에게 말했다.

"친구야! 너는 결혼을 안 했지만 나는 아내와 두 아들이 있어. 내가 잘못해서 죽게 되면 내 아내를 데리고 가고 내 아들들을 잘 키워 줘."

친구는 그렇게 하겠다고 약속했다. 저녁에 쿨긴이 친구

에게 말했다.

"내 아이들을 해변으로 데리고 가서 놀게 해야겠어. 우리는 해변 위쪽 풀밭에 앉아서 아이들에게 무슨 일이 일어나는지 잘 살펴보자."

쿨긴과 친구는 아이들을 해변으로 데려다 놓고 자신들은 위쪽 풀밭에 앉아 아이들이 노는 모습을 지켜보았다. 몇 시간 뒤 정체 모를 크고 빨간 물체가 물 위에 나타났다가 이내 사라졌다. 몇 시간 뒤 또 해변 가까운 곳에 정체 모를 물체가 나타났다가 금방 물속으로 사라졌다. 쿨긴이 친구에게 말했다.

"내려가서 아이들을 데리고 집으로 가."

친구는 해변으로 내려가 아이들을 데리고 집으로 갔다. 쿨긴이 바닷가로 달려가자 물이 어마어마하게 큰 분수처럼 위로 솟구치더니 바닷가로 쏟아지면서 쿨긴을 덮쳤다. 잠시 뒤 사람들은 쿨긴이 물 위로 올라왔다가 다시 내려가는 모습을 보았다. 그런데 쿨긴은 얼마 뒤에는 발꿈치까지만, 다음번에는 무릎 중간까지만 물 위로 올라온 뒤 영영 사라졌다. 어느 날 썰물이 되자 덩치가 산만 한 붉은색 강치가 반으로 잘린 채 해변으로 밀려왔다. 이 강치는 쿨긴이 죽인 악령이었다. 하지만 쿨긴의 칼은 망가졌고 잘린 강치의 반쪽이 물속에서 쿨긴의 다리를 세게 짓누르는 바람에 쿨긴은 바다에 빠져 죽고 말았다. 사람들은 쿨긴의 시체를 꺼내 존경의 마음을 가득 담아 화장했다. 그 이후 아이들은 마음 놓고 저녁 어스름까지 밖에서 놀 수 있게 되었다. 쿨긴 덕분에 악령이 줄어들었기 때문이다.

악령에게서 약혼녀를 구해 온 용감한 임히

소년 임히와 소녀 아흐말코프가 있었다. 소년 소녀의 집안은 서로 친하게 지냈다. 양가 부모님은 기쁜 마음으로 아들딸이 크면 결혼시키기로 약속했다.

"우리 아이들이 어른이 되면 결혼을 시킵시다."

약속의 증표로 소년 소녀의 손에 똑같은 색실을 묶어 두었다. 소년은 사냥꾼과 어부가 되었고 소녀는 집안 살림을 도왔다. 소년 소녀 모두 젊은 낙엽송처럼 아름답고 건강했다. 시간이 흘러 부모는 아들딸의 결혼식을 준비했다. 그때 아흐말코프의 집안에서 곰 축제를 거행했다. 어엿한 청년이 된 임히가 축제에 왔다. 이웃 마을에서도 축제에 참가했다. 즐겁고 유쾌했다. 멋진 썰매를 타고 순록 경기를 펼쳤으며 활쏘기도 했고 힘겨루기도 했다. 늘 승리는 임히의 것이었다. 아가씨는 임히가 이길 때마다 기뻐서 어쩔 줄 몰라 했다. 모든 사람들이 임히가 민첩하고 힘이 세다며 입에 침이 마르게 칭찬했다.

그런데 축제에 참가한 한 남자가 임히의 예비 아내에게 한눈에 반해 그녀에게서 눈을 떼지 못했다. 그녀에게 말했다.

"당신과 결혼하고 싶소. 나의 아내가 되어 주지 않겠소?"

"안 됩니다. 저는 임히의 약혼녀입니다."

남자는 아가씨의 부모님을 찾아갔다.

"딸을 제 아내로 주십시오. 지참금을 많이 드리겠소."

부모님은 이러쿵저러쿵 의논을 하더니 남자가 부자라면 굳이 딸을 주지 않을 이유가 없다고 결정했다. 그러나 임히 부모님과의 약속이 떠올라 딸을 불렀다.

"이 사람이 너를 아내로 맞이하고 싶어 한다. 이 사람에게 시집을 가겠느냐?"

"싫습니다. 저는 임히와 결혼할 것입니다. 더 이상 제게 물어보지 마십시오."

그렇게 대화가 끝났고 남자는 일어나 아가씨를 곁눈으로 힐끗 쳐다보며 말했다.

"좋소. 참으로 유감이오."

축제가 끝나면서 손님들이 집으로 돌아갈 채비를 했다. 임히도 짐을 꾸렸고 아가씨는 임히를 배웅하러 나갔다. 그 순간 그들에게 검은 물체가 날아오더니 아가씨를 낚아채 언덕 너머로 데리고 갔다. 너무 순식간에 일어난 일이라 임히는 정신이 아득해졌다. 아가씨의 부모는 대성통곡했다.

"오! 이렇게 불행한 일이 생기다니! 우리 딸을 날개 달린 외눈박이 악령이 데리고 갔어!"

"울지 마세요! 제가 찾아오겠어요. 저는 그녀 없이는 살 수가 없어요. 차라리 죽는 편이 나아요!"

임히는 타이가를 따라 밤낮 없이 쉬지 않고 달렸다. 달리는 내내 아흐말코프 생각만 했다. 작은 계곡으로 내려가서 썰매를 묶어 놓고 주위를 둘러보니 나무 그루터기 근처에 활이 있었다. 옆에는 화살이 눈 속에 꽂혀 있었다. 임히는 지금껏 그런 활은 한 번도 본 적이 없었다. 손잡이는 어마어마하게 컸으며 활시위도 밧줄처럼 두꺼웠다. 임히는 누군가 활을 깜박 잊고 놓고 간 것이라 생각하고 나무 그루터기에 걸터앉아 기다렸다. 하지만 아무도 오지 않았다. 임히는 활을 들려다가 쓰러지면서 하마터면 활에 눌릴 뻔했다. 사람의 힘으로는 도저히 들 수가 없었다. 두 손으로 활을 들어보았지만 결과는 매양 한가지였다. 무슨 이런 활이 다 있지? 그냥 버려두고 가려는데 마치 아교를 칠해 붙인 것처럼 손에서 활이 떨어지지 않았다. 그 순간 임히는 목소리를 들었다.

"내가 오래전에 이 미끼를 여기에 두었지."

임히는 목소리가 나는 쪽으로 몸을 돌렸다. 키가 나무만 한 사람이 서 있기에 물었다.

"너는 누구냐?"

"나는 휘파람 악령이다. 지금 내가 휘파람을 불면 네 목은 당장 날아가 버려."

"그럼 휘파람을 불면 안 되지. 그러지 말고 나와 이야기를 나누자."

"시간 아깝게 뭐 하러 이야기를 해."

악령은 큰 칼을 꺼내 임히에게 던졌다. 도대체 어디서 그런 힘이 나왔는지 모르겠지만 임히가 모든 힘을 다 모아 활을 들어 악령에게 화살을 쏘았다. 화살이 악령에게 꽂혔고 그 순간 악령이 어디론가 사라졌다. 임히는 활과 화살을 챙겨 계속 길을 떠났다. 겨울 내내 타이가를 돌아다녔지만 어디에서도 아흐말코프를 찾을 수가 없었다. 봄이 되었다. 임히는 작은 개울에 가서 곤들매기를 잡아 모닥불을 피워 구워 먹은 뒤 잠이 들었다. 한창 잠에 빠져 있는데 어디선가 언뜻언뜻 개 짖는 소리가 들려 잠에서 깨어나 주위를 둘러보았다. 하지만 어디에도 개는 없었다. 그런데 개 짖는 소리는 점점 더 커졌다. 임히는 주위를 밝히려고 모닥불에 나뭇가지를 던졌다. 그 순간 모닥불 밑의 땅이 쫘악 열리면서 사람이 기어 나왔다. 피부에 바다표범처럼 얼룩무늬가 있었다.

"내가 누군지 궁금하지? 나는 악령이야. 네가 쏜 화살을 맞은 그 악령이라고. 내 개가 너를 추격해 왔지. 내 개는 하늘을 날면서 모든 것을 보고 있어. 이제 너는 더 이상 나를 벗어날 수가 없어."

그들은 다시 싸우게 되었다. 임히가 악령에게 활을 쏘았는데 악령은 이번에는 운이 좋았다. 화살이 악령을 비켜 갔다. 그렇게 동이 틀 때까지 싸웠다. 동이 떠오르자 악령이 갑자기 땅속으로 자취를 감추기 시작했다. 처음에는 허리까지, 다음에는 가슴까지, 그다음에는 완전히 땅속으로 사라졌다. 임히는 악령의 머리가 땅속으로 완전히 들어가기만을 기다렸다가 그곳에 활을 쏘았다. 화살 아래쪽에서 불이 번쩍하고 타오르더니 이내 푹 꺼지면서 구덩이가 생겼다. 임히는 몸을 구부리고 구덩이 안을 들여다보았다. 거기에는 악령의 가죽이 남아 있었다.

"좋았어! 이 가죽으로 옷을 만들어 입어야겠다. 지금 입고 있는 옷은 너무 낡았어."

임히는 옷을 지어 입고 다시 길을 떠났다. 큰 강에 이르렀다. 뗏목을 만들어 한참 강 위를 떠다니다 강굽이까지 가게 되었는데 강가에 집 한 채가 쓸쓸히 서 있었다. 임히는 그 집에서 쉬어 가기로 했다. 선착장에 배를 대는 순간 누군가 소리를 질렀다. 자세히 보니 집 옆에 아호말코프가 서 있었다.

"빨리 숨어요. 악령이 돌아오면 당신과 저를 당장 죽일 거예요."

"숨지 않을 거요. 악령과 싸워서 당신을 구해 갈 것이오."

그들이 이야기를 나누는 사이 악령이 왔는데 검은색 날

개는 아주 컸으며 키는 나무만 했다. 땅으로 내려온 악령은 바로 사람으로 변신했다. 임히가 가만 보니 곰 축제 때 봤던 바로 그 남자였다. 그들은 창을 들고 싸우기 시작했다. 남자는 무지막지하게 임히의 가슴을 찔러 댔다. 그런데 임히는 아무렇지도 않았다. 악령 가죽으로 만든 옷이 임히를 지켜 주었다. 임히는 땅으로 고꾸라졌지만 금방 다시 일어나 활을 들었다. 남자는 손을 흔들더니 다시 날개 달린 악령으로 변신했다. 하늘로 올라 날개로 임히를 내려치기 시작했지만 임히는 전혀 당황하지 않았다. 화살을 끼워 넣고 활시위를 힘껏 당겼다. 화살이 악령의 머리에 꽂혔다. 악령은 돌이 되어 땅으로 떨어지면서 사방으로 흩어졌다. 이제는 더 이상 악령으로 변할 수도 없었다.

임히와 아흐말코프는 악령의 집을 샅샅이 뒤져 흑담비 모피가 담긴 자루 두 개와 온갖 보석이 담긴 자루 하나를 찾아냈다. 이 모든 것을 가지고 강 아래쪽으로 내려갔다. 무척 오랫동안 강을 타고 갔다. 무사히 돌아온 아들을 본 임히의 부모님은 눈물을 흘리면서 날아갈 듯 기뻐했다. 며칠 뒤 아흐말코프의 부모님이 찾아왔고 임히는 아내의 지참금으로 흑담비 모피 두 자루를 주었다. 장인은 딸의 지참금을 순순히 받았고 임히의 용맹함과 대범함을 입이 마르도록 칭찬했다. 결혼식 때 양가 부모님은 관습에 따라 솥을 교환했다.

장인은 아들을 낳으라는 의미로 솥에 칼을 넣어 두었다.

임히와 아흐말코프는 부부의 연을 맺었고 1년 뒤에 아들이 태어났다. 아들이 자라자 임히는 밤마다 날개 달린 악령과 싸워 이긴 이야기를 들려주었다. 다른 니브흐인들도 이 이야기를 들으러 임히의 집을 찾아왔다.

바다 신 이야기

바다 신의 손녀와 결혼한 청년

먼 옛날 어느 마을에 엄마와 아들 단둘이 살고 있었다. 아들은 이미 어엿한 청년이 되었다. 남편이 죽은 지도 벌써 한참이 지났다. 엄마에게는 오빠들이 여럿 있었다. 어떤 오빠는 강의 상류에, 어떤 오빠는 강의 하류에 살고 있었다. 오빠들은 매일 여동생의 아들을 데리고 물고기를 잡으러 다녔다. 외삼촌들은 물고기를 정말 많이 잡았지만 조카에게는 늘 꼴랑 두 마리만 주었다. 그 이상은 절대 주지 않았고 그마저도 작은 놈으로 골라서 주었다. 자신들은 충분히 먹고도 남을 만큼 가지고 갔고 먹고 남으면 겨울 저장용으로 말렸다. 청년은 그럴 생선이 없기 때문에 겨울만 되면 먹을 것이 없어 배를 주리면서 살았다.

어느 날 외삼촌들이 잡은 물고기 중 암놈과 수놈을 골라 조카에게 주었다. 엄마가 수놈은 저녁 식사에 내놓고 암놈은 큰 솥에 담아 두었다.

"아들아! 암놈은 내일 아침에 끓여 주마. 외삼촌들이 내일도 물고기 잡을 때 너를 데려가겠지? 그리고 최소한 두 마리는 주지 않겠니? 그러니 한 마리는 오늘 저녁에 먹고 한 마리는 내일 아침에 먹자."

저녁 식사를 하고 누워서 잠을 청했다. 그런데 한밤중에 솥에서 팔딱팔딱 물고기가 물을 치는 소리가 들렸다. 아들은 살며시 일어나 솥을 열어 보았다. 물고기가 살아 있었다. 청년이 생각했다.

"이미 오래전에 죽은 물고기가 어떻게 살아났지?"

엄마는 여전히 잠에 빠져 있었다. 물고기가 말했다.

"이봐, 나를 내일 아침에 먹으려고 남겨 둔 것은 행운이야! 나는 물고기가 아니라 바다 신의 딸이야. 바다를 노닐다가 이 마을까지 오게 되었는데 불행하게도 너희의 그물에 걸린 거야. 내가 너무 불쌍하지 않니? 나를 도로 바다에 놓아줘. 네가 원하는 모든 것을 줄게. 그러면 너는 아주 풍족하고 편안하게 살게 될 거야. 네게 행운이 찾아올 거야!"

청년은 물고기가 말을 하는 바람에 화들짝 놀랐다. 물고기를 솥에서 꺼내 한걸음에 바닷가로 달려가 놓아주었다. 물고기는 먼바다로 떠났고 청년은 하얀 반점이 찍힌 아름다운 물고기의 모습을 넋을 놓고 바라보았다. 물고기가 가면서 말했다.

"이제부터 츱츱스러운 외삼촌들하고 물고기 잡으러 다니지 않아도 돼. 아침이면 온갖 물고기들이 네 생선 건조대에 가득할 거야."

물고기는 아주 먼 바다로 나간 뒤 다시 모습을 드러냈는데 청년에게는 작은 점처럼 보였다. 아침에 일어난 엄마가 물고기를 끓이려고 솥을 열었다. 그런데 밤새 물고기가 어디론가 사라진 것이 아닌가! 놀란 엄마가 아들을 깨웠다.

"얘야, 일어나 보렴. 글쎄 물고기가 없어졌구나. 개가 먹었나? 글쎄…. 개는 묶여 있는데…."

"외삼촌들은 너무 욕심이 많고 나빠요. 밤에 외삼촌들이 훔쳐 간 게 아닐까요?"

청년은 밖으로 나갔다. 정말 건조대에 물고기가 한가득 걸려 있었다. 안으로 들어와 엄마에게 말했다.

"건조대의 물고기를 가져와 끓이세요."

엄마는 밖으로 나갔다. 건조대에 물고기가 가득 널려 있었다. 엄마는 너무 기쁜 나머지 물고기를 들고 올 생각도 않고 안으로 뛰어 들어와 아들에게 말했다.

"대체 누가 생선을 이렇게 많이 가져다 놓았을까?"

"누구겠어요. 그것도 외삼촌들이겠죠."

그 말을 들은 엄마는 밖으로 나가 생선을 가져와 끓였다. 아침 식사를 하기도 전에 어린 외사촌이 왔다.

"아버지가 물고기 잡으러 가게 빨리 나오래."

"이제 외삼촌들하고 물고기 잡으러 안 갈 거야. 내게는 항상 두 마리만 주잖아. 이제 곧 겨울인데 그걸로 우리가 어떻게 겨울을 나겠어? 앞으로는 나 혼자 잡으러 다닐 거야."

집으로 돌아간 아이가 아버지에게 말했다.

"건조대에 물고기가 가득했어요."

"그렇게 많은 물고기를 어떻게 잡았을까?"

청년은 엄마와 날마다 물고기를 손질해 말렸다. 다음 날도, 그다음 날도 같은 일이 반복되었다. 겨울에 먹을 식량도 이미 여유롭게 비축했다. 그렇게 1년이 흘렀다. 한 노인이 강가를 걷다 강기슭에 앉아 있는 젊고 아름다운 아가씨를 보았다. 아가씨가 노인에게 말했다.

"뭐라고 불러야 하죠?"

"할아버지라고 하면 돼."

"할아버지, 이 마을에 이런저런 사람이 있나요?"

"물론 있지. 엄마와 둘이서 살지."

아가씨는 담배를 꺼내 노인에게 권했다.

"이 청년에게 가셔서 제게 와 달라고 전해 주시면 안 될까요? 아니면 제가 할아버지와 함께 갈까요? 그건 안 되는 일인가요?"

"기다려라. 내가 청년에게 전해 주마."

노인은 자신의 집에는 들르지도 않고 곧장 청년에게 갔다.

"어떤 낯선 아가씨가 자네를 보자고 하는데."

"어떻게 해야 하죠?"

엄마가 말했다.

"아들아! 너를 만나고 싶어 한다면 너를 아는 사람일 게다. 가 보거라."

청년은 아가씨에게 갔다. 아가씨가 말했다.

"당신은 남자잖아요. 그렇게 수줍어하지 말고 제 옆에 앉으세요."

청년은 아가씨 옆에 앉았다.

"무슨 말부터 하면 좋을까요? 제 엄마는 바다 신의 딸이에요. 당신이 제 엄마를 구해 주셨어요. 엄마는 당신에게 무엇으로든 보답을 하고 싶어 했어요. 제게 당신과 같이 살면서 물고기를 잡아 주고 물을 길어다 주고 해어진 신발을 기워 주면 좋겠다고 하셨어요. 하지만 당신이 저를 싫어하지 않아야 한다고 하셨어요."

청년은 아가씨를 내칠 이유가 없었다. 아가씨와 함께 살기 시작했다. 행복했다. 물고기도, 들짐승 고기도 넘쳐 났다. 아들이 태어났다. 청년의 엄마는 이미 이 세상 사람이 아니었고 청년의 아들은 이미 어엿하고 건장한 청년이 되었다. 어느 날 아내가 말했다.

"아들이 다 컸어요. 당신이 더 늙으면 아들이 당신을 먹여 살릴 거예요. 내일 저는 바다로 떠나겠어요. 제가 살던 바다에서 생의 마지막을 맞이하고 싶어요. 이제는 너무 늙어서 더 이상 이곳에서는 살 수가 없어요. 이건 우리 바다 사람들의 관습이에요."

다음 날 충분히 자고 일어난 아내가 말했다.

"같이 바닷가로 가서 제가 떠나는 모습을 지켜보세요."

아내는 바닷가로 향했고 잠시 뒤 물속으로 들어갔다. 아내의 모습은 점점 멀어졌다. 어느 순간 물고기로 변한 아내가 말했다.

"행복하셔야 돼요. 앞으로 더 이상 저를 보실 수 없을 거예요. 저를 잊으세요. 너무 슬퍼하시면 안 돼요. 앞으로 당신 가문의 사람들이 바다에 빠져 죽는 일은 없을 거예요. 제가 오래도록 당신 가문의 사람들을 지켜 드릴 거예요."

바다 신의 아내가 된 노부부의 딸

부부가 있었는데 정말 늙었고 정말 가난했다. 늘 배를 곯았다. 음식 냄새를 잊은 지 오래였다. 해변에 밀려온 죽은 생선을 주워 와 먹었다. 어느 봄날 정말 미칠 정도로 배가 고팠다. 집에 먹을 것이라고는 콩 한 쪽도 없었다. 아버지는 바닷가로 내려가 오랫동안 걸어 다녔다.

"모래사장에 죽은 바다 동물이라도 있으면 좋으련만!"

오랫동안 걸어 다녔지만 아무것도 찾지 못한 채 바닷가 큰 바위에 걸터앉아 손으로 얼굴을 감쌌다.

"어떻게 집에 돌아가지? 아내와 딸아이에게는 뭘 먹이지?"

오랫동안 크나큰 비애에 잠겨 있다가 문득 바다를 보았는데 이상한 것이 보였다. 큰 솥에서 물이 끓는 것처럼 바닷물이 부글부글 끓어올랐다. 그 순간 갑자기 바닷가로 큰 고래가 달려왔고 그 뒤로 바다 신 여섯 명이 뛰어나와 고래를 칼로 참살한 뒤 다시 바다로 사라졌다.

바위 뒤에 숨어 있던 아버지는 너무 놀라 숨도 쉬지 못했다. 상황이 끝난 뒤 몰래 고래에게 기어갔더니 이미 죽어 있었고 옆에는 칼이 놓여 있었다. 노인은 기뻤다.

"오호! 내게 바다의 행운이 찾아왔어!"

칼을 들고 고래 고기를 조금 잘라 집으로 가지고 가서 아내에게 주었다. 아내는 칼을 큰 상자에 넣어 둔 뒤 불을 지피고 고래 고기를 삶아 남편과 딸에게 주었다. 배가 터지게 먹고 아버지 어머니는 잠이 들었다. 그런데 새벽녘 딸은 집을 나와 어디론가 갔다. 잠에서 깬 부부는 딸이 없어진 것을 알고 서로 마주 보며 눈물을 흘렸다.

"우리 아기가 어디로 갔을까?"

해가 뜨자마자 한밤중까지 찾아다녔지만 부질없는 짓이었다. 그런데 집에 돌아오니 딸이 문지방에 앉아 우울한 얼굴로 부모를 바라보았다.

"얘야, 어디에 갔다 왔니?"

딸은 벙어리가 된 것 같았다. 손을 구부린 채 아무 말도 하지 않았다. 셋이 방으로 들어갔다. 누구도 잠을 자지 않았고 누구도 말을 하지 않았다. 알 수 없는 슬픔이 모두를 괴롭혔다. 딸이 불쑥 일어나 문지방을 넘어서더니 홀연 사라졌다. 그날 이후 딸은 더 이상 집에 돌아오지 않았다. 다시 봄이 찾아왔다. 어느 날 바닷가에서 물고기를 잡던 아버지는 낮익은 바위에 가서 걸터앉았다. 아버지는 바다를 물끄러미 바라보면서 딸 생각에 빠져들었다. 그런데 바다에서 다시 이상한 것이 보였다. 언젠가 그랬듯이 큰 솥에서 물이 끓어오르는 것 같았다. 그 순간 갑자기 바다 신 여섯 명이 딸과 함께 파도를 타고 나타났는데 딸은 말을 타고 있었다. 아버지가 온몸에 경련을 일으키면서 울기 시작했다.

"오, 아가! 역시 내게 와 줬구나! 또 아무 말도 하지 않을 거니?"

"그런 건 아니에요. 제 말을 잘 들으세요. 아버지는 바다 신을 화나게 했어요. 아버지가 그들의 칼을 가지고 가서 제가 이렇게 고통을 당하는 거예요. 집에 가서 어머니에게 모든 걸 이야기하세요. 1년 뒤에 다시 이 바위로 오세요."

집으로 가서 아내에게 모든 걸 이야기했다.

"우리 딸을 바다 신이 인질로 잡고 있소. 언제 우리에게 돌아오게 될지 모르겠소. 1년 뒤에 다시 오라고 했소."

다시 봄이 찾아왔다. 아버지는 낯익은 바닷가 바위에 가서 오래도록 바다를 바라보았다.

"오, 아가! 온다고 약속했잖니! 그런데 왜 안 오는 거니?"

거대한 파도가 바닷가를 때렸다. 그 순간 파도 뒤로 딸의 모습이 보였다. 딸은 바다 신의 머리 위에 앉아 바닷가로 다가왔다. 아버지는 자신의 눈을 믿을 수가 없었다. 딸의 머리카락은 훨씬 더 길어졌고 얼굴은 오동보동 더 예뻐졌으며 손에는 작은 아이를 안고 있었다. 딸은 아이를 가슴에 끌어안으면서 말했다.

"아버지! 이제부터는 이곳에 오지 마세요. 오셔도 저를 볼 수 없어요. 저는 바다 신의 아내가 되었어요. 이 아이가 바다 신의 아들이에요. 어머니에게 말하세요. 저는 잘 살고 있으니 너무 그리워하지 말라고요. 앞으로 아버지 어머니는 부족함 없이 살게 될 거예요. 고기가 필요하면 바닷가로 내려오세요. 바다표범이 있을 거예요. 아무 걱정 마시고 그것을 가지고 가서 드세요!"

그렇게 말하면서 바다 신의 머리 위에 앉아 조용히 바닷속으로 떠났고 잠시 후 아버지의 눈앞에서 완전히 사라졌다. 아버지는 눈물을 뚝뚝 흘리면서 집으로 돌아가 아내에게 말했다.

"바다 신이 우리 딸을 아내로 삼았어. 이미 아들도 낳았어. 이제 다시는 우리에게 돌아오지 않을 거야. 당신보고 너무 그리워하지 말라고 했어. 그리고 이런 말도 했어. 앞으로 당신과 나는 아무 부족함 없이 살게 될 거라고."

딸이 말한 대로 이루어졌다. 부부는 오래오래 살았고 바다가 그들을 먹여 살렸다. 아버지가 바다 사냥을 하느라 애를 쓰지 않아도 바닷가에는 항상 바다표범이 있었다. 아버지 어머니는 죽는 날까지 기름진 바다표범 고기와 맛있는 음식만 먹으며 살았다. 하지만 부모는 그날 이후 딸을 더 이상 보지 못했다.

바다 신을 찾아간 용감한 아즈문

용감한 사람은 어떠한 재앙도 다 이겨 낸다. 불과 물을 지나면 더 단단해진다. 평범한 사람들은 오랫동안 용감한 사람들을 기억한다. 아버지가 아들에게 대를 물려주며 이들에 대한 이야기를 들려준다.

아주 오래전의 일이다. 당시 니브흐인은 나무 바늘로 물고기를 잡았고 아무르강은 작은 바다라는 의미의 랴예리라고 불렸다. 당시 아무르강 기슭에 니브흐인 마을이 있었는데 그리 부유하지도 그리 가난하지도 않았다. 물고기가 많이 찾아오면 니브흐인은 즐겁고 행복했으며 입에서 노랫가락이 절로 흘러나왔고 목에 찰 때까지 배불리 먹었다. 물고기가 적게 찾아오면 니브흐인은 말수가 줄어들었고 담배 대신 이끼를 태웠고 허리띠를 꽉 졸라맸다. 어느 봄날의 일이다.

남자들이 강가에 앉아 담배를 피우면서 어망을 고치고 있었다. 아무르강에 정체를 알 수 없는 무언가 떠다니고 있었다. 유심히 바라보니 대여섯, 아니 열 그루 정도 되는 나무들이 붙어서 강 위를 떠다니는 것이었다. 어디선가 큰 폭풍이 몰아쳐 나무들이 쓰러지면서 누가 풀로 붙인 듯 붙어 버린 것 같았다. 그 나무들에 흙이 내리쌓이면서 풀이 자라 이제는 어엿한 섬이 되어 강 위를 떠다녔다. 플레튼이라는 남자가 자세히 보니 그곳에는 잘 다듬어진 장대가 꽂혀 있고 장대에는 붉은 천이 묶여 있었다. 천은 바람에 쉴 새 없이 펄럭였다. 플레튼이 말했다.

"누군가 저 섬에 있나 보군. 장대를 잘 다듬어 세워 놓았어. 도움을 요청하는 신호 같은데."

사람들은 아기의 울음소리를 들었다. 아기는 점점 크게 울더니 급기야는 숨넘어갈 듯 자지러지게 울어 댔다. 플레튼이 말했다.

"분명 저기에 아기 혼자 있어. 못된 자들이 부모를 모두 죽였거나 부모들이 흑사병으로 죽은 게 분명해. 부모가 아이를 살리려고 저기에 태워 보낸 거야."

사람들이 그곳으로 가니 울음소리가 더 커졌다. 플레튼이 말했다.

"어떻게 도와줘야 하지! 난감하군!"

한 청년이 나무 갈고리가 묶인 끈을 나무 섬에 던져 강기슭으로 끌어냈다. 정말로 아기가 누워 있었다. 피부는 하얗고 까만 눈은 별처럼 빛났으며 얼굴은 보름달처럼 동그랗고 컸다. 아기의 손에는 화살과 노가 들려 있었다. 아이를 본 플레튼은 요람에서부터 이미 화살과 노를 잡았기 때문에 이 아이는 나중에 큰 부자가 될 것이고 적도 일도 두려워하지 않을 거라고 했다.

"내 아들로 삼겠네. 이름은 아즈문이라고 하겠어."

사람들은 아즈문을 손에 안아 플레튠의 집으로 데리고 갔다. 그런데 도대체 이게 무슨 일인가…! 한 발짝 옮길 때마다 아이가 점점 무거워지는 것이 아닌가!

플레튠에게 말했다.

"이보시오, 플레튠! 당신 아들은 이미 손바닥에서부터 자라는 것 같소! 한번 보시오!"

"부모 땅에서, 부모의 사랑을 받으면서 쑥쑥 자라는 건 당연하지 않소! 부모는 자식에게 힘을 준다오."

부모가 힘을 준다는 플레튠의 말은 맞는 것 같다. 플레튠의 집으로 가는 동안 아즈문은 계속 자랐다. 문턱에 가자 아이는 손으로 땅을 짚으면서 혼자 일어섰으며 집에 들어설 때는 어른들에게 길을 양보하면서 뒤로 물러섰다. 아아! 플레튠은 생각했다.

'저 아이는 훌륭한 사람이 될 거야. 자신의 안위보다는 다른 사람들의 고통을 먼저 생각할 거야.'

아즈문은 아버지를 침대에 앉히고 인사를 하면서 말했다.

"아버지! 여기 앉으세요. 오랫동안 너무 피곤하셨어요. 이제는 쉬세요."

아즈문은 어망과 노를 가지고 강으로 나가 혼자 배를 타고 강 중간까지 노를 저어 갔다. 아즈문이 그물을 던진 뒤 끌어 올리자 엄청나게 많은 물고기가 올라왔다. 집으로 돌아와 여인들에게 물고기를 주었다. 마을 사람들은 물고기를 원도 없이 정말 배불리 먹었다. 그런데 어느 날부터 물고기 잡기가 하늘의 별 따는 일만큼 힘들어졌다. 아즈문이 아버지에게 말했다.

"아버지! 이곳에는 물고기가 너무 적어요."

"이제 물고기가 이곳으로는 오지 않는 것 같구나. 아무르강이 우리에게 물고기를 주지 않는구나."

"아버지! 기도를 해야 해요. 우리 니브흐인이 물고기를 먹지 않고 어떻게 살겠어요!"

마을 사람들은 풍어를 기원하면서 아무르강에 제물을 바치고 기도를 하기로 했다. 많은 배가 기도를 하러 떠났다. 화려한 바다표범 가죽으로 만든 멋진 옷들을 차려입었고 개는 안팎으로 털을 댄 검은색 옷을 입었다. 강 이곳저곳을 누비면서 아름다운 노래를 불렀다. 아무르강 중간쯤에서 플레툰이 죽, 말린 생선, 사슴 고기를 제물로 바쳤다.

"보잘것없는 사람들이 빕니다. 살찐 물고기를 많이 잡게 해 주십시오. 여러 종류의 물고기를 잡게 해 주십시오. 개와 말린 생선을 제물로 바칩니다. 우리에게는 먹을 게 없습니다. 배를 곯고 있습니다. 뱃가죽이 등에 가서 붙었습니다. 도와주십시오. 결코 은혜를 잊지 않겠습니다!"

기도를 마치자 아즈문이 강에 그물을 던졌다. 많은 물고기들이 올라왔다. 사람들은 뛸 듯이 기뻐했다. 하지만 아즈문의 얼굴이 금세 어두워졌다.

"이게 마지막일 겁니다."

아닌 게 아니라 다시 그물을 던졌을 때는 아까보다 적게 잡혔다. 아즈문은 얼굴을 찌푸렸다. 세 번째로 그물을 던졌다. 마지막 물고기였다. 다시 그물을 던진 아즈문은 한 마리도 잡지 못한 채 빈 그물만 끌어올렸다. 하다못해 바다풀도 걸리지 않았다. 사람들은 기운이 쑥 빠져 담배를 피우면서 이제 곧 죽을 것이라는 말만 되풀이했다. 아즈문은 물고기를 창고에 넣어 두라고 한 뒤 사람들에게 조금씩 나눠 주었다. 플레툰이 눈물을 흘리면서 아즈문에게 말했다.

"너를 아들로 삼으면서 네게 새 삶을 주겠다고 생각했다! 그런데 물고기도 없으니 이제는 무엇을 먹고 산단 말이냐! 우리 모두 굶어 죽게 될 것이다. 아들아! 떠나거라! 다른 길이 없구나. 우리의 불행은 우리 마을에 남겨 두고 너는 이곳을 떠나거라!"

아즈문은 생각에 잠겨 아버지에게 담배를 얻어 피우면서 말했다.

"바다 신 타이르나스에게 가 보겠어요. 왜 아무르강에 물고기가 없는지, 신이 니브흐인을 잊은 건 아닌지 알아보고 올게요."

플레튼은 펄쩍 뛰었다. 니브흐인 중 바다 신에게 갔다 온 사람은 여태껏 한 명도 없었다. 결단코 단 한 명도! 게다가 타이르나스는 바다 밑에 사는데 우리 같은 사람이 어떻게 간단 말인가!

"거기까지 갈 힘이 있겠니?"

아즈문이 다리로 땅을 치자 그 힘 때문에 허리까지 땅으로 꺼졌다. 주먹으로 절벽을 치니 절벽에 금이 가면서 샘이 솟구쳤다. 눈을 가늘게 뜨고 먼 언덕을 바라보면서 말했다.

"다람쥐가 도토리를 입에 물고 산기슭에 앉아 있는데 갉아 먹지 못하고 있네요. 도와줘야겠어요."

아즈문이 활시위를 당겼다. 화살이 날아가 다람쥐가 입에 물고 있는 도토리에 꽂히면서 도토리가 반으로 쪼개졌다. 그런데 다람쥐는 전혀 다치지 않았다. 아즈문이 말했다.

"다람쥐야! 이제는 맛있게 먹어라!"

아즈문은 길을 떠날 준비를 했다. 아무르강의 흙이 담긴 자루를 품 안에 넣고 활, 화살, 갈고리가 달린 줄을 챙겼다. 가는 도중 무료함을 달래려고 목각 악기인 쿠가흐케이도 가지고 갔다. 아버지에게 곧 자신에 대한 소식을 듣게 될 것이며 자신이 잡아 놓은 물고기가 다 떨어질 때쯤이면 돌아올 것이라고 말했다. 아즈문은 길을 떠났다. 바닷가에 갔더니 아즈문을 발견한 바다표범이 물속에서 눈을 동그랗게 뜨고 쳐다보았다. 가만 보니 배가 너무 고파 괴로워하고 있었다. 아즈문이 소리쳤다.

"친구! 바다 신에게 가려면 아직 멀었나?"

"어떤 바다 신을 찾는데?"

"타이르나스 말이야!"

"바다 신이니까 먼바다에 있는 바다 마을에 가서 찾아봐. 나는 잘 모르겠어."

아즈문은 계속 걸어 오호츠크해에 이르렀다. 당시에는 오호츠크해가 아니라 필랴케르크하라고 불렸다. 아즈문의 앞에 바다가 펼쳐졌는데 끝이 안 보였다. 갈매기가 날아다녔고 가마우지가 소리쳤다. 파도가 쉴 새 없이 밀려왔다 밀려갔다. 바다 위에 걸린 하늘은 구름에 가려 잿빛으로 물들어 있었다. 대체 어디 가서 신을 찾지? 어떻게 하면 신에게 갈 수 있지? 마땅히 물어볼 사람도 없군. 아즈문은 주위를 둘러보았다. 어떻게 해야 하지? 갈매기에게 소리쳤다.

"이봐, 사냥 많이 했어? 우리 고향 사람들은 지금 먹지 못해서 죽어 가고 있어!"

"사냥은 무슨 사냥! 사냥 같은 소리를 하네요! 네 눈에도 보이잖아! 실없이 날개만 계속 흔들고 있어. 물고기를 본 건 아주 오래전 일이야. 곧 우리도 죽게 될 거야. 바다 신이 할 일을 잊은 채 자고 있는 것 같아."

"바다 신에게 가려고 해. 어떻게 가야 하는지 도저히 모르겠어…."

"먼바다에 섬이 있어. 이 섬에서 연기가 나올 거야. 사실 이 연기는 타이르나스의 집 굴뚝에서 나오는 거야. 한 번도 가 본 적은 없어. 우리 부모님도 그쪽으로는 가지 않았거든. 철새들한테 전해 들었어! 어떻게 가는지 몰라. 제비에게 물어봐."

"알았어! 고마워!"

아즈문은 해변으로 갔다. 너무 오래 걸은 탓에 피곤이 몰려왔다. 모래사장의 바위에 걸터앉아 머리를 손으로 감싸고 생각에 잠겼다가 깜박 잠이 들었다. 잠결에 사람들이 웅성거리는 소리를 듣고 눈을 떴다.

해변에서 청년들이 앞다투어 달려가며 허리띠를 잡아당기기도 하고 서로를 뛰어넘기도 하면서 칼을 가지고 놀고 있었다. 그때 바다표범이 해변으로 나왔다. 청년들은 바다표범을 칼로 내리쳤다. 딱 한 번 내리치자 바다표범이 옆으로 고꾸라졌다. 앗! 아즈문은 자신에게도 저런 칼이 있으면 좋겠다는 생각을 했다. 아즈문은 해변에 서 있는 작은 배가 눈에 들어왔다.

그 순간 갑자기 청년들이 엉겨 붙어 싸우더니 칼을 모래사장에 던져 버렸다. 주위의 상황에는 아랑곳하지 않고 고함을 지르면서 아귀다툼을 했다. 아즈문은 기회를 살피다가 갈고리가 달린 끈을 꺼내 칼을 살살 끌어당겼다. 손대면 닿을 거리까지 끌어당겼다. 세상에 얼마나 좋은지!

청년들은 싸움을 그만두었다. 모두 칼을 집었는데 한 사람만 칼이 없었다. 칼을 잃은 청년이 눈물을 주룩주룩 흘리기 시작했다.

"어떻게! 신이 나를 용서하지 않을 거야! 어떡하지?"

아즈문은 생각했다.

'으흠! 저 청년들은 신을 아는 것 같은데! 바다 마을의 청년들이구나!'

아즈문은 모래사장에 누워 꼼짝도 하지 않았다. 청년들이 모두 같이 칼을 찾았으나 어디에서도 찾을 수가 없었다. 칼을 잃어버린 청년은 숲으로 달려가서 구석구석 찾아보았으나 칼은 어디에도 없었다. 청년들은 각자 자신의 배를 바다로 밀어 넣은 뒤 배에 앉았는데 배 한 척은 해변에 그대로 남았다. 아즈문은 청년들의 뒤를 쫓기로 했다. 주인 잃은 빈 배를 밀어 넣으면서 청년들이 어디로 가는지 살펴보았다. 청년들은 먼바다로 노를 저어 갔다. 아즈문도 배에 올라타

먼바다로 노를 저어 갔다. 갑자기…. 이게 무슨 일인가! 앞에는 배도 청년들도 없는 것이 아닌가! 제비가 등지느러미로 파도를 가르며 달려가고 있었는데 등지느러미에는 바다표범 덩어리가 불쑥 솟아 있었다. 파도가 아즈문이 탄 배의 뱃전을 남실남실했다.

아뿔싸! 이게 무슨 일인가! 아즈문이 탄 것은 배가 아니라 제비 등이었다. 아즈문은 이게 무슨 일인지 곰곰이 생각했다. 해변에 있던 것은 배가 아니라 제비 가죽이었고 칼을 가지고 해변에서 놀던 청년들은 제비였다. 아즈문이 칼이라고 생각했던 것은 칼이 아니라 제비의 등 지느러미였다. 그게 무슨 상관이냐! 어차피 신에게 갈 수 있는 유일한 방법인데!

아즈문이 들려주지 않아 얼마나 오래 바다를 떠다녔는지는 알 수 없지만 그사이 콧수염이 더부룩하게 자랐다고 한다. 아즈문은 앞에 지붕을 닮은 둥근 섬을 발견했다. 섬 정상의 구멍에서 연기가 희미하게 피어났다. 아즈문이 생각했다.

'아하! 저기에 바다 신이 살고 있구나!'

그 순간 아즈문은 활을 들어 아버지에게 활을 쏘아 보냈다. 섬에 도착한 제비들은 해변으로 달려가 데구루루 굴렀다. 다시 어엿한 청년이 되었는데 손에는 바다표범 고기를 들고 있었다. 아즈문이 타고 온 제비는 몸을 돌려 바다로 되돌아갔다. 칼이 없으면 집에 들어갈 수 없는 것 같았다. 아즈문은 물에서 뛰어내리다 물에 빠져 죽을 뻔했다. 청년들은 아즈문이 바다에서 허우적거리는 것을 보고 달려와 해변으로 끌어냈다. 청년들이 눈살을 찌푸리면서 물었다.

"이봐, 너 도대체 누구야? 어떻게 여기까지 왔어?"

"너희 이상해. 형제도 못 알아봐? 칼을 찾느라 너희보다 뒤처졌잖아. 자 봐! 내 칼이 여기 있잖아!"

"맞아. 그건 네 칼이 맞아. 그런데 어째서 우리랑 다르게 생긴 것 같은데…."

"칼을 잃어버려서 공포에 떨다 보니 모습이 변했어. 아직도 제정신이 아니야. 신에게 가면 원래 모습으로 돌아올 거야!"

"신은 주무셔! 봐, 연기도 안 나잖아!"

청년들은 각자 집으로 갔고 아즈문은 홀로 남겨졌다. 아즈문이 언덕 중간쯤 갔더니 마을이 있었다. 마을 아가씨들이 아즈문의 길을 막고 보내 주지 않았다. 아즈문에게 딱 달라붙어 생급스럽게 아양을 떨었다.

"신은 주무셔. 방해하지 말라고 하셨어. 타이르나스에게 가면 안 돼. 우리와 함께 여기에 있어. 우리를 아내로 맞이하면 행복하게 살 수 있을 거야."

아가씨들은 모두 눈부시게 아름다웠다! 눈은 반짝반짝 빛났고 얼굴은 오동보동 예뻤으며 몸은 유연하고 손은 민첩했다. 아즈문은 생각했다.

'저렇게 아름다운 아가씨들을 아내로 맞이하는 것도 그리 나쁘지는 않겠는걸!'

아가씨들이 하도 집요하게 달라붙는 바람에 정신이 쏙 빠졌다. 그때 아무르강의 흙을 담은 자루가 아즈문의 품속에서 살랑거렸다. 아즈문은 이리저리 생각한 끝에 가슴에서 흙을 꺼내 바닥에 던졌다. 그 순간 흙은 구슬로 변해 댁대굴 댁대굴 굴러갔다. 아가씨들은 구슬을 주우려고 화급히 달려들었다. 그 순간 아즈문이 보니 아가씨들에게는 다리 대신 지느러미가 있었다. 앗! 아가씨가 아니라 바다표범이었던 것이다!

아가씨들이 구슬을 줍는 동안 아즈문은 산 정상으로 올라가 갈고리가 달린 긴 줄을 꺼내 산 정상에 갈고리를 꽂은 뒤 줄을 타고 아래로 내려갔다. 바닥에는 바다 신의 집이 있었다.

바닥에 내려오다 하마터면 상처를 입을 뻔했다. 주위를 둘러보았다. 집 안은 니브흐인의 집과 똑같았다. 침대들, 난로, 벽, 기둥 모든 것에 물고기 비늘이 쌓여 있었다. 그런데 창문 너머로 하늘이 아니라 물이 넘실거렸다. 파란 파도가 창문을 잘싸닥댔으며 처음 보는 해초가 파도를 따라 춤을 추었다. 창문 옆으로 니브흐인이 한 번도 먹어 본 적 없는 기묘하게 생긴 물고기들이 지나다녔다. 물고기들도 오랫동안 못 먹은 탓에 뼈가 앙상했는데 날카로운 이빨을 드러내면서 아즈문을 먹을 수 있는 것인지 가늠하면서 한참을 바라보았다.

신은 침대에 누워 자고 있었다. 회색 머리칼이 베개에 어지럽게 흩어져 있었고 입에는 불이 꺼져 가는 파이프를 물고 있었다. 연기도 나오지 않았다. 아즈문은 신의 입에서 살그머니 파이프를 뺐다. 타이르나스는 여전히 아무것도 모른 채 드르렁드르렁 태평하게 코를 골았다. 아즈문이 손으로 건드렸지만 신은 잠에서 깨어날 줄 몰랐다.

아즈문은 자신이 가지고 온 쿠가흐케이가 생각났다. 품에서 꺼내 입에 넣고 혀로 퉁기면서 연주하기 시작했다. 웅웅, 윙잉, 피리릭, 휘리릭 여러 소리가 났다. 새가 재잘대는 것도 같았고 개울이 속삭이는 것도 같았으며 벌이 윙윙대는 것도 같았다.

타이르나스는 여태껏 그런 소리를 들어 본 적이 없었다. 이게 무슨 소리지? 잠시 뒤척이다 일어나 눈을 비빈 뒤 책상다리를 하고 앉았는데 얼마나 큰지 절벽 같았다. 피부는 물고기 비늘 같았는데 영롱한 진주가 박혀 있었고 옷은 해초로 지어 입었다. 신은 앞에 서 있는 작은 청년을 발견했다. 세상에! 철갑상어에 맞서는 황어 같았다! 그런 자가 입에 무언가를 물고 어찌나 감칠맛 나게 연주를 잘하는지! 타이르나스는 정신이 번쩍 들었고 가슴이 두근거렸다. 타이르나스는 아주 다정한 얼굴로 아즈문을 바라보면서 물었다.

"너는 누구냐?"

"저는 아즈문인데 니브흐인입니다."

"니브흐인은 사할린과 아무르강에 살고 있는데 그 멀리서 어째서 여기까지 왔느냐?"

아즈문은 니브흐인의 고통에 대해 이야기하면서 고개를 숙였다.

"신이시여! 제발 우리 니브흐인을 도와주세요! 물고기를 잡게 해 주세요! 이러다가 니브흐인은 굶주림을 이기지 못하고 곧 죽게 될 것입니다. 제발 저희를 도와주세요!"

타이르나스는 부끄러워 얼굴이 빨개지면서 말했다.

"1년 동안 쉬면서 잠만 잤더니 아주 몹쓸 일이 벌어졌구나! 나를 깨워 줘서 고맙다!"

타이르나스는 침대 아래로 손을 집어넣었다. 아즈문이 자세히 보니 거기 큰 통에는 상어, 연어, 황어, 곤들매기 등 온갖 물고기들이 살아 움직이고 있었다. 신은 통 옆에 놓인 가죽 자루에 물고기를 4분의 1 정도 채운 뒤 문을 열고 물고기들을 바다로 보내면서 말했다.

"니브흐인이 사는 아무르강으로 가라! 빨리빨리 달려가라! 사시사철 물고기 풍년이 들게 해라!"

"신이시여! 니브흐인에게 주는 물고기를 아까워하지 마십시오! 이왕 주시는 김에 조금만 더 주십시오!"

타이르나스가 인상을 찌푸렸다. 아즈문은 화들짝 놀라면서 '나는 이제 죽었다'라고 생각했다. 신을 화나게 하다니…. 이제 좋지 않은 일이 생길 것이다! 아즈문은 아버지를 생각하면서 다리에 힘을 주고 곧게 서서 타이르나스를 똑바로 응시했다. 타이르나스가 웃으면서 말했다.

"다른 사람이 이처럼 내 일에 참견했다면 용서하지 않았겠지만 너는 용서해 주겠다. 너는 타인을 배려하는 마음이 무척 깊구나. 앞으로도 변함없이 그렇게 살도록 해라!"

타이르나스는 온갖 종류의 물고기를 자루의 반쯤 채워 바다에 또 던졌다.

"빨리 아무르강으로 가라! 사시사철 물고기 풍년이 들게 해라!"

아즈문이 고개 숙여 인사했다.

"신이시여! 저는 가난합니다. 감사의 표시로 드릴 것이 하나도 없습니다. 제 쿠가흐케이를 선물로 드리겠습니다."

아즈문은 타이르나스에게 악기를 선물로 주면서 연주하

는 방법을 알려 주었다. 바다 신은 그 악기를 만져 보고 싶어서 이미 오래전부터 악기에서 눈을 떼지 못한 채 손등을 긁고 있었다. 악기가 미칠 만큼 마음에 들었다. 타이르나스는 뛸 듯이 기뻐하면서 입에 악기를 대고 이로 지그시 누르면서 혀로 연주하기 시작했다…. 악기가 웅웅, 윙윙, 구구, 휘리릭, 피리릭 소리를 냈다. 바람 소리 같기도 하고 파도가 부서지는 소리 같기도 하고 나무가 춤추는 소리 같기도 하고 석양에 새가 우는 소리 같기도 하고 다람쥐가 찍찍거리는 소리 같기도 했다.

타이르나스는 악기를 연주하면서 완전히 무아지경에 빠져들었다. 집을 돌아다니면서 춤을 추기 시작했다. 집이 흔들렸고 창문 너머로 파도가 남실거렸으며 해초가 뛰어다녔다. 바다에 폭풍우가 몰아친 것 같았다.

아즈문이 보니 지금 그에게는 타이르나스가 문제가 아니었다. 줄을 잡고 위로 올라갔다. 올라가는 동안 손에서 피가 흘렀다. 타이르나스의 집에 있는 동안 줄에 조개가 가득 자랐기 때문이다. 올라와서 보니 바다표범 아가씨들은 아직도 구슬을 찾으면서 싸우느라 집에 대해서는 완전히 잊어버렸고 집 문에는 이끼가 수북이 자라 있었다.

아랫마을을 보니 텅 비었는데 바다 멀리서 제비의 지느러미가 보였다. 제비들은 오호츠크해와 아무르강으로 물고기를 쫓고 있었다. 이제 집에 가야 하는데…. 어떻게 해야 하지? 아즈문은 무지개가 걸린 것을 보았다. 한쪽 끝은 섬에, 한쪽 끝은 육지에 닿아 있었다.

바다의 파도가 거칠어졌다. 이는 타이르나스가 집에서 더 열정적으로 춤을 추고 있다는 증거다. 하얀 거품을 머금은 파도가 바다를 거닐고 있다. 아즈문은 간신히 무지개로 기어 올라갔다. 그러느라 온몸이 아주 더러워졌다. 얼굴은 파래졌고 손은 노래졌으며 배는 빨개졌고 다리는 하늘색이 되었다. 어찌어찌 기어 올라가서 무지개를 따라 땅으로 달려갔다. 달리다 넘어지는 바람에 바다에 빠질 뻔했다. 아래쪽을 내려다보니 바다는 물고기 때문에 검게 변해 있었다. 이제 니브흐인은 물고기를 넘치게 잡게 될 것이다! 무지개가 끝났다. 아즈문은 땅으로 뛰어내렸다. 해변의 배 옆에는 아즈문이 칼을 훔친 제비 청년이 앉아 있었다. 아즈문은 그에게 다가가 칼을 돌려주었다. 칼을 받은 청년이 말했다.

"감사합니다! 영원히 집에 돌아가지 못할 것이라고 생각했어요. 당신의 고마움을 잊지 않겠어요. 아무르강으로 물고기를 몰아 보내겠어요. 당신에게 나쁜 짓은 하지 않겠어요. 당신이 자신을 위해서가 아니라 다른 사람들을 위해 제 칼을 가져갔다는 사실을 알거든요!"

땅에 한 번 구르자 청년은 제비가, 칼은 지느러미가 되어 먼바다로 떠났다. 아즈문은 갈매기와 가마우지를 만났다. 아즈문에게 큰 소리로 물었다.

"이봐! 신에게 갔다 왔어?"

"그럼, 갔다 왔지! 바다를 봐!"

바다에 물고기가 돌아다녔고 물이 거품을 품어 내고 있었다. 갈매기는 순식간에 달려들어 물고기를 잡아먹었다. 그런데 세상에! 갈매기가 그 자리에서 살이 포동포동 오르는 것이 아닌가! 아즈문은 계속 걸어 아무르강 가까이까지 갔다. 바다표범이 죽어 가는 소리로 물었다.

"신에게 갔다 왔어?"

"물론 갔다 왔지! 강을 한번 들여다봐!"

물고기가 강 상류로 떼 지어 옥시글옥시글 몰려오고 있었다. 물고기 때문에 물에는 하얀 거품이 일었다. 물고기를 잡아먹은 바다표범은 그 자리에서 금방 기운이 펄펄 솟는 것 같았다. 아즈문은 고향을 향해 계속 걸어갔다. 니브흐인들은 거의 산송장이 되어 앉아 있었다. 이끼도 거의 다 피웠고 물고기는 다 먹은 상황이었다. 플레툰이 밖으로 나와 아들을 맞이했고 둘은 감격의 포옹을 했다.

"아들아! 신에게 갔다 왔니?"

"아버지! 아무르강을 보세요!"

아무르강에는 하얀 물거품이 일었고 엄청나게 많은 물고

기들이 떼 지어 몰려다니고 있었다. 아즈문은 창을 들고 달려가 물고기를 한 아름 잡아 가지고 왔다.

"아버지! 이 정도면 충분한가요?"

"충분하고말고!"

사람들은 행복했다. 사시사철 물고기들이 아무르강을 찾아왔다. 이후 많은 시간이 지났지만 아즈문과 그의 쿠가호케이는 아직도 사람들이 입에 오르내린다.

바다가 광폭해지고 파도가 절벽에 와서 세게 부딪치고 파도 마루가 웅성거리면…. 바다 신이 잠을 자지 않고 쿠가호케이를 연주하면서 바다 밑의 집에서 춤을 추고 있는 것이다….

지혜롭고 용감한 니브흐인 이야기

용감한 우뭄즈 니브흐

동그랗게 생긴 작은 집에서 고아 남매가 스스로 생계를 해결하면서 살았다. 누나는 이미 어엿한 아가씨였지만 동생은 아직 어린 티가 흘렀다. 동생은 매일 어스름이 걷힐 무렵 일어나서 언덕 위의 샛별을 따라 사냥을 나갔다. 동생은 사냥의 귀재였다. 날마다 썰매에 사슴과 순록을 넘치게 싣고 왔다. 누나는 썰매 소리가 나면 황급히 밖으로 나가 동생이 썰매에서 사슴과 순록 내리는 일을 도와주었다. 사냥물은 창고에 보관했다. 누나는 이 사냥물로 요리를 해서 동생에게 주었다. 남매는 거의 대부분 함께 식사를 했다. 동생은 이렇게 1년 내내 사슴과 순록 사냥을 했다. 다른 산짐승도 놓치는 법이 없었다. 강의 얼음이 녹으면 강으로 내려가 잉어, 철갑상어 등 갖가지 물고기를 잡았고 새도 잡아 누나에게 갖다주었다.

겨울이 찾아왔다. 이날도 어김없이 동생은 사냥을 하러 나갔다. 그런데 누나가 깜박 잊고 문을 열어 둔 사이 누군가 집에 들어오는 소리가 났다. 누나가 가만 보니 갈색 개가 집 안으로 뛰어 들어왔다. 집에 들어온 개는 누나에게 갖은 애교를 다 부리더니 얼굴을 핥고 난 뒤 구슬피 울면서 꼬리를 이리저리 흔들었다. 누나는 개 때문에 기분이 상했다.

"무슨 이런 개가 다 있어! 도대체 이렇게 재수 없는 개의 주인은 누구야? 뛰다가 울다가 아양을 떨다가…. 별일이네!"

그렇게 말하면서 누나는 욕을 했다. 생선 다듬는 칼로 갈색 개를 한 대 후려쳤다. 그러자 개가 사람처럼 말을 했다.

"아야! 이 여자가! 아야! 아프단 말이야! 내가 누군지 알기나 해? 나는 땅에 사는 하늘 사람이야."

누나가 생각했다.

'인간을 욕되게 하다니! 참을 수가 없다!'

개가 뛰어나갔고 누나도 개를 따라 뛰어나갔다. 그런데 강 위쪽 아래쪽 오른쪽 왼쪽 사방을 둘러보아도 개는 없었다. 누나가 무심결에 하늘을 올려다보니 개의 다리가 아른거렸다. 위에서 소리가 들려왔다.

"여인아! 여인아! 오른쪽 새끼손가락을 바늘로 찔러서 피가 나오게 한 뒤 맛후티[3]를 통해 제물로 바쳐라!"

시키는 대로 했다. 피를 내어 제물로 바쳤다. 그리고 침대에 가서 앉았다. 그런데 배가 콕콕 쑤시기 시작하더니 급기야는 너무 아파 정신을 잃을 것 같았다. 누나는 고통을 이

---

3) 맛후티 : 니브흐인 집 앞문 벽에 있는 작은 사각형 구멍으로 명절이나 의식 때 제물을 바치는 공간이다.

겨 보려고 이리저리 뛰기도 했고 침대 위를 데굴데굴 구르기도 했으며 침대와 창가를 정신없이 왔다 갔다 하기도 했다. 그러다 결국 고통을 이기지 못해 침대 중간에 몸을 쭉 펴고 죽어 버렸다. 잠시 후 동생이 순록과 사슴 사냥을 마치고 집으로 돌아왔다. 평소 이 시간이면 굴뚝에서 연기가 모락모락 새어 나왔는데 지금은 굴뚝에서 연기가 나지 않았다. 동생에게 불안이 엄습했다.

'누나에게 무슨 일이 있는 건 아닐까? 아니면 어디 갔나?'

황급히 사냥물을 내려 창고에 끌어다 놓고 제대로 정리도 못 한 채 집 안으로 들어가 다급하게 누나를 찾았다. 그런데 이게 웬일인가! 누나가 침대에 죽은 채로 축 늘어져 있는 것이 아닌가! 어째서 누나가 죽었는지 도무지 알 수가 없었다. 누나 옆에 자리를 잡고 앉아 누나를 애달파하면서 목 놓아 울었다. 사흘 동안 쉬지 않고 울었다. 먹지도 마시도 않았다. 사흘 뒤 누나가 저승에 가면서 쓸 노잣돈을 주기 위해 창고에 있는 모피를 가져와 쌓기 시작했다. 모피를 얼마나 많이 쌓았는지 천장에 가서 닿았다. 갑자기 이 집의 터주 신이 무어라고 중얼거렸다. 우뭄즈[4] 니브흐는 순록 기름을 가져와 터주 신의 입에 칠했다. 그러자 터주 신 할아버지가 말

---

4) 우뭄즈 : '용감한 사람'이라는 의미다.

했다.

"우뭄즈 니브흐야! 너무 애달파하지 말거라! 네 누나는 하늘 사람에게 시집을 갔단다."

"할아버지! 하늘로 올라갈 수 있는 방법을 알려 주세요. 저도 하늘에 올라가고 싶어요. 누나에게 가고 싶어요."

"태어날 때부터 너를 도와주는 영혼이 있는데 바로 날아다니는 두꺼비와 날아다니는 뱀이란다."

우뭄즈 니브흐가 날아다니는 두꺼비를 부르자 잠시 뒤 사각사각 소리가 들렸다. 두꺼비가 굴뚝을 통해 날아 들어오는 소리였다.

"애야! 왜 나를 불렀니? 대체 나를 얼마나 힘들게 하려고 그러는 거야!"

"할아버지! 하늘로 올라가고 싶어요. 저를 하늘로 데려다주세요."

두꺼비의 등에 앉아 하늘로 올라가는데 귀에서 쌩쌩 바람 소리가 들렸다. 올라가다 보니 어느덧 하늘 문이 보였다. 그 순간 우뭄즈는 사방에서 이상한 소리를 들었다.

"우뭄즈 니브흐가 날아다니는 두꺼비를 타고 올라오고 있어. 두꺼비를 반으로 잘라 버려!"

별들이 날아오기 시작했다. 두꺼비를 뚫고 가려는 것 같았다.

"가는 검으로 두꺼비를 반으로 잘라 버려!"

하늘 문 안으로 잽싸게 들어가려는 순간…. 그만 두꺼비가 반으로 잘리면서 아래 바다로 떨어졌다. 그곳에서는 개만 한 크기의 곤충이 우뭄즈 니브흐를 잡아먹으려고 기다리고 있었다. 이를 눈치챈 우뭄즈 니브흐는 가는 바늘로 변신해 높이 날아오른 뒤 다시 얕은 여울로 내려가서 주위를 돌아다녔다. 갑자기 여울물이 불어나더니 무릎까지 차올랐다. 그때 날아다니는 뱀을 불렀다. 조금 지나니 쉭쉭 소리가 났다. 뱀이 나타났다. 뱀이 가까이에 오자 얼른 등에 올라탔다.

"할아버지! 저를 하늘로 데려다주세요."

얼마나 빨리 날아가는지 귀에서 쌩쌩 바람 소리가 들렸다. 하늘 문 주위를 날기 시작했다. 샤먼들이 주술을 외웠다.

"저자를 다섯 조각으로 잘라라!"

하늘 문으로 뛰어가려는 순간…. 뱀이 다섯 조각으로 잘렸고 그 뱀을 개만 한 크기의 곤충이 날름 삼켰다. 바닥에는 뱀 뼈만이 하얗게 반짝이다 그마저도 금방 사라졌다. 가는 바늘로 변한 우뭄즈 니브흐는 반대편 여울로 날아가서 물 주위를 여기저기 돌아다녔다.

우뭄즈 니브흐는 이번에는 바다표범 여신을 불렀다. 바다표범 여신은 요란한 소리를 내며 쏜살같이 달려왔다. 우뭄즈 니브흐는 가는 바늘로 변신해 바다표범 여신의 눈 사이에 앉았다.

"저를 바다 신에게 데려다주세요."

곧 바다 신에게 도착했다. 우뭄즈 니브흐는 뛰어내리면서 사람으로 변신한 뒤 언덕을 한달음에 올라가 바다 신의 집으로 들어갔다. 바다 신은 침대에 온몸을 쭉 편 채 자고 있었다. 우뭄즈 니브흐는 바다 신의 다리 사이에 앉았다. 앞쪽 창문가에 서 있던 바다 신의 아내가 남편을 힐난하기 시작했다.

"누가 찾아왔는데 도대체 무슨 일로 왔는지 알아볼 생각은 하지도 않고 계속 잠만 자는구려. 제발 일어나서 무슨 일인지 물어보구려!"

"아이쿠, 아이쿠!"

신음 소리를 내면서 일어나 보니 손님이 와 있었다. 어디에서 굴러다니다 이렇게 누추한 내 집까지 오게 되었느냐? 짐승을 쫓다가 이곳으로 오게 되었느냐? 머리는 빗고 내 집에 들어온 것이냐? 온갖 질문을 한꺼번에 쏟아 냈다.

"하늘에 올라가고 싶어서 찾아왔어요."

그러자 들고 있던 지팡이로 바닥을 두드렸다.

"거기 누구 있느냐? 이리로 오너라! 백마에 이 소년을 태워 하늘로 데려다주거라!"

하인 열 명이 하늘을 날아다니는 백마를 데리고 왔는데 눈에서 반짝반짝 빛이 났다. 우뭄즈 니브흐가 말 위에 올라타자 말이 말했다.

"정말 용감한데! 하지만 그 상태로는 올라가지 못해. 가는 바늘로 변신한 뒤 내 눈썹 사이에 앉도록 해."

이미 하늘에 올라와 있었다. 그 순간 소리가 들렸다.

"붐! 붐! 붐! 날아다니는 말이 올라온다. 말의 목과 꼬리에 있는 털을 세어 봐라."

"이미 다 세어 보았습니다."

"하나도 남김없이 세어 보거라."

"이미 그렇게 했습니다."

"별들은 말을 그냥 보내 주도록 해라."

날아다니는 말은 앞뒤 돌아보지 않고 쏜살같이 하늘 문으로 돌진해 하늘로 들어갔다. 하늘 땅을 밟는 순간 우뭄즈 니브흐가 말에게 말했다.

"정말 운이 좋았어! 네가 나를 하늘로 데려다주었어. 이제는 집으로 돌아가도록 해. 고마워!"

우뭄즈 니브흐는 스키를 만든 뒤 지팡이 두 개로 속도를 조절하면서 전속력으로 달려갔다. 우뭄즈 니브흐가 얼마나 빨리 달렸는지 회오리바람이 일었다. 한참을 달리다 털이 다 빠진 늑대가 서로를 물어뜯으면서 죽일 듯이 싸우는 광경을 목격했다. 한 늑대가 중얼거렸다.

"우뭄즈 니브흐가 나타나면 저놈을 완전히 물어뜯어 놓을 수 있을 텐데."

서로의 살점을 물어뜯는 바람에 피가 철철 흐르고 있었다. 우뭄즈 니브흐는 머리를 때려 파리로 변신한 뒤 윙윙 소리를 내면서 늑대 위로 지나갔다. 늑대를 지나고 다시 사람으로 변신한 뒤 지팡이로 속도를 조절하면서 앞만 보고 달려갔다. 우뭄즈 니브흐가 바닷가에 가니 절벽에서 여인이 나왔다.

"손님이 왔네! 왜 이곳에 왔는지 말해 보세요!"

"아니요, 그럴 시간이 없습니다. 빨리 가 봐야 해요. 찾아야 할 사람이 있거든요."

여인의 머릿결은 무척 아름다웠다. 여인은 머리카락을 곱게 빗어 감아올린 뒤 짐짓 아무렇지도 않은 척 달려와 우뭄즈 니브흐를 끌어당겼다. 우뭄즈 니브흐는 칼을 꺼내 여인의 머리카락을 싹둑 자른 뒤 계속 앞으로 달려갔다. 조금 지나자 갈색 여우가 절벽에서 불쑥 나타나 소리를 질렀다.

"용감하구나! 절벽으로 너를 밀어 버리겠다. 그러면 너는 절벽에 찰싹 달라붙어서 내가 꼬리를 살짝만 들어 올려도 꼼짝달싹 못 하게 될 거야."

여우가 꼬리를 살짝 들어 올렸다. 정말로 우뭄즈 니브흐는 절벽에 달라붙었고 아무리 애를 써도 떨어지지가 않았다. 우뭄즈 니브흐는 모든 자연신에게 도움을 청했다. 아무도 도와주지 않았다. 조금도 움직일 수가 없었다. 그때 우뭄즈 니브흐 근처를 오락가락하던 갈색 여우가 우뭄즈 니브흐에게 말했다.

"이보세요! 나와 결혼해 주세요. 저를 아내로 맞이하지 않으면 그렇게 있다가 그냥 죽게 될 거예요. 나와 결혼하면 당신을 절벽에서 구해 줄게요."

"좋소! 나를 구해 주면 당신과 결혼하겠소."

그러자 우뭄즈 니브흐를 풀어 주었다. 우뭄즈 니브흐가 자유의 몸이 되자 갈색 여우는 우뭄즈 니브흐를 집 안으로 데리고 들어갔다. 밖에서 보면 그냥 절벽에 불과한데 안으로 들어갔더니 마법에 가까울 만큼 밝고 아름다운 집이 나왔다. 여우 아내는 우뭄즈 니브흐를 지극정성으로 대접했고 우뭄즈 니브흐는 전보다 더 멋있어졌다. 얼마 지나지 않아 우뭄즈 니브흐가 여우 아내에게 애원했다.

"누나에게 가게 해 주오!"

"누나는 하늘 신의 아들에게 시집갔어요. 긴 곶을 지나면 그들이 사는 마을이 나온답니다."

우뭄즈 니브흐는 회오리바람을 일으키면서 그곳으로 달려갔다. 아닌 게 아니라 긴 곶을 지나니 마을이 보였다. 해변으로 가서 스키를 벗고 하늘 신의 집 안으로 들어갔다. 누나는 먼 강을 물끄러미 바라보며 침대에 앉아 있었다. 매형은 키가 크고 피부가 무척 고왔는데 등을 대고 침대에 누워 있었다. 우붐즈 니브흐를 발견한 누나는 얼굴이 빨개지면서 고개를 떨구었다. 우붐즈 니브흐는 두 모닥불 사이를 지나 매형 앞에 잠시 멈추어 선 뒤 번개같이 매형에게 달려들었다.

"오! 처남이 왔구나! 그렇게 격하게 행동하지 말고 앉아서 서로 이야기를 나누는게 어때?"

그 말이 끝나기 무섭게 매형은 선반의 작은 상자에서 반짝이는 가는 검을 꺼내 우붐즈 니브흐에게 다가가 등에 꽂은 뒤 힘껏 눌렀다. 계속 누르니 검은 더 깊숙이 들어가면서 삐걱삐걱 소리를 냈다. 우붐즈 니브흐가 고통을 못 이겨 눈물을 흘리면서 덧소매를 벗자 삐걱 소리는 더 크게 울려 퍼졌다. 그때 누나가 작은 상자에서 자신의 검을 꺼내 와서 동생의 배에 꽂은 뒤 힘껏 누르기 시작했다. 이렇게 둘이서 동생을 반 토막 내었다. 잠시 뒤 누나 부부는 침대로 올라가 입에 침이 마르게 자기 자랑을 늘어놓았다. 매형이 말했다.

"나는 정말 대단한 사람이야. 저렇게 용감한 무사를 죽였잖아!"

"저도 정말 대단한 여인이에요. 당신을 도와 동생을 반

토막 내어 죽였잖아요!"

동생은 모닥불 사이에 몸을 쭉 편 채 반 토막이 되어 누워 있었다. 몇 시간 뒤 문이 활짝 열리더니 여우 아내가 불같이 화를 내며 뛰어 들어왔다. 남편의 시체 옆에 멈춘 뒤 저주를 퍼붓기 시작했다.

"악령 같은 여자! 저주를 받을 것이야! 어떻게 그렇게까지 악랄할 수가 있어! 네가 죽었을 때 동생이 노잣돈으로 쓰라고 모피를 천장에 닿을 만큼 쌓아 줬는데…. 그것도 잊었단 말이야?"

우뭄즈 니브흐의 매형이 검을 들면서 욕설을 퍼부었다.

"도대체 웬 여우가 들어와서 소란이냐! 여우 주제에 말이 많다! 나는 무사도 죽인 사람이다!"

매형은 벌떡 일어나 다리를 크게 벌리면서 무사를 죽인 위대한 사람답게 위풍당당하게 쿵쿵 걸어갔다. 가까이 다가오자 여우가 말했다.

"내가 꼬리를 살짝만 들어 올려도 너는 그 자리에서 얼어붙을 것이다!"

여우가 꼬리를 들어 올렸다. 매형은 눈을 이리저리 굴리다가 그 자리에서 얼어붙었다. 누나가 고래고래 악을 쓰면서 소리를 질렀다.

"도대체 뭐 하는 자냐! 나는 용감한 무사도 죽인 여인이

다! 감히 여우 따위가! 내가 여우 하나 못 죽일 것 같으냐!"

누나가 남편 곁으로 한 걸음 한 걸음 다가오더니 멈추어 섰다. 여우가 다시 꼬리를 살짝 들어 올리자 누나도 그 자리에서 얼어붙었다. 여우는 우뭄즈 니브흐의 뼈를 다시 붙인 뒤 자신의 꼬리로 어루만졌다. 그 순간 우뭄즈 니브흐는 아무 일 없었다는 듯 발딱 일어났다.

"아직도 저와 결혼한 걸 후회하세요? 당신은 제가 아니면 죽었답니다!"

"아니요! 절대 후회하지 않습니다. 고맙소!"

우뭄즈 니브흐는 매형에게 다가가 머리채를 휘어잡고는 바닥에 내팽개쳤다.

"뚱뚱한 낙엽송이 되어라! 다리는 위로 뻗고 손은 나뭇가지가 되고 머리는 깊숙이 처박혀 뿌리가 되어라."

다음에는 누나의 머리채를 휘어잡았다.

"다음에 만나게 되면 그때는 반드시 죽여 주겠어. 바다에 던져 돌고래로 변하게 하겠어. 만에 하나 숨을 쉬게 되면 사람들이 너를 죽이게 될 것이야!"

정말로 누나는 바다로 던져져 돌고래가 되었고 동생을 발견한 누나가 한숨을 쉬자 사람들이 달려들어 죽였다. 집으로 돌아간 우뭄즈 니브흐는 하늘에 있는 누나의 집을 향해 활을 쏘았다.

"화살아! 누나의 집으로 날아가서 매형의 숨통을 완전히 끊어 놓고 오너라!"

잠시 뒤 피범벅이 된 화살이 우뭄즈 니브흐에게 날아오는 것이 보였다.

곰에게 형들의 복수를 한 막냇동생

어느 마을에 세 형제가 있었는데 각자 자신의 개와 썰매를 가지고 있었다. 세 형제는 언제까지 돌아온다는 기약을 남긴 뒤 사냥을 떠났다. 큰형에게는 아내와 아직 요람 속에 있는 갓난아기가 있었다. 약속한 날이 되어도 형제들은 돌아오지 않았다. 큰형의 아내는 초조하고 불안한 마음으로 형제들을 기다렸다. 그러던 어느 날 밤 개들이 심하게 짖어 댔다. 어떤 놈은 컹컹거리다 못해 숨이 넘어가듯이 으르렁거리며 짖었고 어떤 놈은 날카로운 쇳소리를 내며 짖었다.

동이 텄다. 여인이 밖으로 나갔다. 아뿔싸! 개와 썰매 하나가 통째로 사라졌다! 여인은 화들짝 놀랐다. 해가 중천에 뜨자 여인은 장작을 패고 물을 길어 온 뒤 모닥불을 지피고 차를 끓여 식사를 했다. 해가 지자 문을 단단히 걸어 잠갔다. 주위에 어둠이 깔리자 여인은 앞으로 일어날 일을 가슴 졸이며 기다렸다.

다시 어제 그 시각이 되자 개들이 또 심하게 짖어 댔다. 어제처럼 어떤 놈은 숨이 넘어가듯 으르렁거리며 짖었고 어떤 놈은 날카로운 쇳소리를 내면서 짖었다. 여인은 나가 보고 싶었지만 무서웠다. 아니 무섭다기보다는 공포로 온몸이 오그라들어 움직일 수가 없었다. 새벽녘이 되니 개들의 울부짖음이 점점 잦아들다 일순 완전히 잠잠해졌다. 여인은 동이 트자마자 밖에 나가 보았다. 그런데 대체 이게 무슨 일인가! 개가 또 없어진 것이 아닌가!

"아이고! 이게 도대체 무슨 해괴망측한 일이람?"

여인은 너무 놀라 혼이 빠지는 것 같았다. 어제처럼 서둘러 음식을 준비하고 차를 끓여 마신 뒤 문을 걸어 잠그고 기다렸다. 어둠이 내려앉자 베개 세 개를 남편의 침대에 올려놓고 모닥불 옆에 앉아 있었다. 이제 여인에게는 암캐 한 마리만 남았다. 어두워졌다. 암캐가 심하게 짖더니 달아나기 시작했다.

그 순간 난생처음 듣는 발자국 소리가 들렸다. 발자국 소리는 암캐의 뒤를 쫓고 있었는데 발 내딛는 소리가 엄청나게 크게 울렸다. 집 주위를 달리던 개는 작은 침대 옆 창문 뒤편에서 멈추었다. 일순 소름 끼치는 개의 비명 소리가 울려 퍼지더니 이내 적막이 흘렀다. 찰나의 시간 뒤 눈 밟는 소리가 들리더니 누군가 문을 열려고 했다. 끈을 잡아당기니 끈이 그대로 끊어지면서 집채만큼 거대한 곰이 집 안으로 들어왔다. 곰은 침대를 따라 걸으면서 목쉰 소리를 냈다. 이제 곧 여인의 옆으로 올 것이다. 그 순간 여인은 썩은 나무통을 들어 곰에게 던졌다. 곰은 아주 표독스럽게 울부짖으면서 통을 부숴 버렸다. 곰이 고개를 들자 여인이 이번에는 베개를 던졌다. 곰은 분하다는 듯이 고래고래 고함을 지르면서 베개를 갈기갈기 찢었다. 베개 하나를 더 던졌고 마지막 베개도 던졌다. 그때마다 곰은 분노로 펄펄 뛰면서 베개를 갈기갈기 찢었다.

곰이 다시 고개를 들자 여인은 창문을 찢어 아이를 던진 뒤 그 구멍으로 빠져나가 창고로 올라갔다. 창고 앞에는 나무통 세 개가 바람에 이리저리 흔들리고 있었다. 창고 문을 긴 끈으로 단단히 잠그고 앉아 있었다. 잠시 뒤 아이의 자지러지는 비명 소리가 들렸고 곧 곰이 창고로 올라오는 기척이 느껴졌다. 그런데 곰은 조금 올라오다 통 때문에 뒤로 미끄러지면서 아래로 나가자빠졌다. 곰은 신경질적으로 찢어지는 소리를 지르면서 다시 기어 올라오다 또 아래로 나가자빠졌다. 세 번째도 똑같은 상황이었다. 곰은 창고 밑에 죽은 듯이 누워 있었다. 동이 트자 곰은 어디론가 떠났다. 여인은 남편과 시동생들이 돌아오기만 기다렸다. 해가 뉘엿뉘엿 넘어갈 때 저 멀리서 무언가 아른거렸다. 점점 거리가 좁아지면서 모습이 드러났는데 남편이었다. 드디어 남편이 왔다! 남편에게 그간의 이야기를 모두 들려주었다.

"아이고! 너무 슬프고 무서워요! 곰이 우리 개들과 아이를 잡아먹었어요. 곧 곰이 들이닥칠 거예요. 빨리 창고로 올라가요!"

"그나저나 지금 너무 배가 고파서 죽을 것 같으니 먹을 것 좀 주시오!"

"그럴 시간이 없어요. 어머나! 세상에! 무서워요! 곰이 벌써 이리로 오고 있어요! 저기 보세요!"

"그나저나 나는 배가 너무 고파요. 당신은 곰이 오는지 잘 살펴보고 있어요. 요기를 한 뒤에 곰을 죽이겠소."

남편은 사냥 도구를 밖에 세워 둔 상태였다. 그때 곰은 이미 벌써 집 옆에 와 있었다.

"어머나! 세상에! 벌써 왔어요!"

여인의 말을 듣고 남편이 화급히 밖으로 달려갔으나 무기를 잡는 데는 실패했다. 곰이 다가와 남편을 쓰러뜨리더니 어디론가 데리고 갔다. 이내 다시 돌아온 곰은 동이 틀 때까지 집 옆에서 머물렀다. 곰이 떠나자 여인은 곰이 간 쪽을 황망히 바라보았다. 남편이 돌아왔던 그 시각 다시 무언가 멀리서 아른거렸다. 자세히 보니 첫째 시동생이었다. 여인은 밖으로 나가 시동생을 맞으면서 그간의 일을 모두 들려주었다.

"어머나! 빨리 창고로 올라가요. 아이고! 너무 슬프고 끔찍해요! 개들, 아이, 형까지 다 죽였어요! 모두 곰의 짓이에요!"

"배가 너무 고파요. 제발 먹을 것 좀 주세요!"

"안 돼요! 이제 곧 곰이 나타날 거예요!"

"형수님이 잘 지켜보세요!"

여인이 나가 음식 준비를 하는데 곰이 벌써 이곳으로 오고 있었다. 여인이 시동생을 불렀지만 시동생은 미처 무기를 챙기지 못한 채 곰과 맞붙어 싸우게 되었다. 곰이 시동생을 쓰러뜨린 뒤 한 손으로 시동생을 움켜잡고 어디론가 떠났다. 그리고 다시 돌아와 밤새 집 옆에 머물렀다. 동이 텄다. 이날 곰은 하루 종일 집을 떠나지 않았다. 여인은 문틈으로 곰의 행동을 살펴보았다.

이날도 해가 질 때쯤 남편과 시동생이 왔던 그곳에서 무언가 검은 물체가 아른거렸는데 뚫어지게 보니 막내 시동생이 개와 함께 오고 있었다. 집이 가까워지자 개가 먼저 집을 향해 달리기 시작했다. 곰은 주인과 개가 바닷가에서 올라오는 모습을 발견했다. 그 순간 곰을 발견한 개는 몸을 돌려 주인에게 달려갔고 곰은 개의 뒤를 쫓아갔다. 주인에게 달려간 개가 살짝 몸을 비트는 바람에 곰은 곧장 주인에게 돌진했고 주인은 창으로 곰을 찔렀다. 창으로 다시 한번 곰을 찌르자 그 자리에서 차마 듣기 힘든 단말마의 비명을 지르면서 죽음에 이르렀다. 이 시각 여인은 도끼를 들고 달려왔지만 먼지만 날렸다. 그간의 울분을 토해 내듯 여인은 곰의 미간에 도끼를 내리꽂았다. 아휴! 세상에! 여인은 곰에게 난도질을 하면서 눈물을 흘렸고 시동생과 눈이 마주치자 눈물을 멈추었다.

"형수님! 이러시면 안 돼요! 아무리 고통스러워도 이러시면 안 됩니다!"

여인은 도끼질을 멈추었다. 시동생과 함께 집으로 돌아가 그간의 이야기를 낱낱이 들려주었다.

"개들, 아이, 형들을 모두 죽였어요!"

시동생은 형들의 시체를 찾아 나섰다. 넓게 펼쳐진 길을 따라 언덕으로 올라가 주위를 찬찬히 살펴보았다. 멀지 않은 곳에 개들, 아이, 형들이 모두 함께 있었다. 시동생은 이들을 모두 썰매에 실은 뒤 형들과 조카는 곰 가죽으로 덮어 장례를 치러 주었다. 이제 무엇을 해야 하나? 형수와 결혼을 했다. 어느 날 아내에게 말했다.

"여기 있어요. 가서 흑담비 덫을 보고 올게요."

"같이 가요. 혼자 있기 싫어요!"

"어떻게 가겠다는 거요? 스키도 탈 줄 모르잖소?"

"어쨌든 가겠어요! 스키 타는 법을 가르쳐 주세요!"

아내는 스키 타는 법을 배우기 시작했다. 그런데 이게 웬일인가! 스키를 신고 한 걸음 떼면 바로 '꽝!' 넘어지는 것이 아닌가! 다음 날도 스키 공부는 계속되었다. 어두워질 때까지 잠시도 쉬지 않고 스키 타는 법을 배웠다. 셋째 날도 스키 훈련을 계속했는데 나날이 실력이 향상되었다. 드디어 부부는 함께 길을 나섰다. 남편은 계속 뒤에 처지는 아내를 기다리면서 천천히 걸어갔다. 오랫동안 걸어 예정된 장소에 도착했지만 아직 해가 남아 있었다. 그날은 남편의 사냥 창고에서 잠을 잤다. 다음 날 아침에 일어났다.

"여기에 있도록 해요. 내가 가서 덫을 가지고 오리다. 한낮에 돌아오겠소."

아내는 그곳에 남아 있었다. 남편은 약속대로 덫을 가지고 한낮에 돌아와 창고 문을 흔들었으나 기척이 없었다. 굴뚝에서 연기도 피어나지 않았다. 안에 들어갔더니 아무도 없었다. 남편은 밖으로 나와 사방을 둘러보다 창고 근처에서 아내의 발자국을 발견했다. 계곡으로 내려갔더니 그곳에도 아내의 발자국이 있었다. 조금 더 따라가 보니 발자국 두 개가 아내의 발자국 옆에 나란히 찍혀 있었다. 아내의 발자국이 가운데 있고 양옆에 남자의 발자국이 있었다. 남편은 되돌아와서 배를 채운 뒤 발자국의 뒤를 쫓아갔다. 한참을 걷다 보니 무언가 보였다. 아내였다. 아내는 입에 거품을 물 정도로 지쳐 있었다. 아내에게 다가갔다.

"왜 여기에 있소?"

"당신이 나가는 걸 보자마자 당신 형들이 나를 이리로 끌고 왔어요. 나를 여기에 두고 형들은 저쪽으로 갔어요."

"당신은 여기에 있어요. 내가 가서 보고 오겠소."

한참을 걸어 어떤 집에 도착했는데 출입구가 없었다. 집 안으로 들어갈 방법을 궁리하느라 한참 헤매고 있는데 갑자기 문이 저절로 스르륵 열렸다.

"손님이 오셨군. 들어오게."

남편이 안으로 들어가자 문이 저절로 철컥 닫혔다. 너무 캄캄해서 무엇을 어떻게 해야 할지 도무지 알 수가 없었다. 누군가 말했다.

"손님! 이리로 오시오. 이리로."

목소리가 나는 곳으로 따라갔다.

"여기 앉으시오."

그런데 구석에서 누군가가 아주 크게 신음 소리를 냈다. 누구일까? 살짝 비치는 빛을 통해 창문 맞은편 언덕 쪽으로 놓인 침대에서 거대한 몸집의 노인이 몸을 이리저리 흔들면서 신음 소리를 내며 앉아 있는 것이 보였다. 강가 쪽으로 놓인 작은 침대에는 두 남자가 앉아 있었는데 그들 사이에는 아이가 있는 요람이 걸려 있었다. 두 남자가 갑자기 벌떡 일어나더니 남편을 뚫어지게 쳐다보다가 머리를 감싸 쥐면서 드러누웠다. 노인이 말했다.

"저 남자들은 살아오는 동안 자신도 모르게 남들에게 많은 피해를 주었어. 저 남자들에게 원한이 맺힌 사람들이 복수를 하는 바람에 저렇게 살아가게 되었지."

노인이 남편을 불러 바닥에서 자작나무 통을 꺼내라고 했다. 거기에는 생선으로 만든 생선 가죽, 바다표범 지방, 물, 열매를 섞어 만든 푸딩 같은 음식이 조금 있었고 숟가락이 꽂혀 있었다. 노인이 먹어 보라고 해 조금 떠서 먹어 보았는데 도저히 음식이라고 할 수가 없었다. 이번에는 물통을 가져와서 남편에게 마시라고 했다. 문득 아내가 걱정이 되어 남편이 떠날 채비를 하자 언덕 쪽으로 놓인 침대에 있던 노인이 말했다.

"어쩌겠는가? 자네의 형들도 데리고 가겠는가?"

"물론이죠, 데리고 가겠습니다."

"그럼 선물로 개를 주겠네. 한 놈은 검회색, 한 놈은 검은색, 한 놈은 흰색, 한 놈은 갈색이네. 혹시 가는 도중 누가 아프면 이 개들의 심장으로 치료를 하게."

남편은 벌써 집으로 돌아갈 태세였고 형들은 일어나서 주섬주섬 옷을 입었다. 아이를 데리고 길을 나섰는데 갑자기 아이가 병이 들었다. 아이에게 검은 개의 심장을 먹였더니 씻은 듯이 나았다. 둘째 형이 병이 들어 흰 개의 심장을 먹였더니 건강을 회복했다.

아내가 있는 곳에 와서 같이 집으로 가는 도중 아내가 병이 들었다. 아내에게 갈색 개의 심장을 먹였더니 언제 그랬냐는 듯이 벌떡 일어났다. 이렇게 집에 무사히 와서 식사를 한 뒤 누워서 잠이 들었다. 늘어지게 자고 일어났더니 형들과 아이가 평온한 모습으로 죽어 있었다. 그들의 장례식을 치러 준 뒤 아내와 함께 세파를 헤쳐 나가면서 끝까지 행복하게 살았다.

식인종에게 잡혀갔던 아가씨

먼 옛날의 일이다. 바다표범 사냥철이 되자 마을 남자들이 배 세 척에 나누어 타고 사냥을 나갔다. 한 배는 제법 커서 사공이 여섯 명이나 되었다. 저녁 무렵까지 사냥을 한 뒤 배 두 척에 바다표범을 한가득 싣고 마을로 돌아왔다. 그런데 나머지 한 척은 돌아올 기미가 안 보였다. 이미 어둠이 자욱했다. 노인들은 바닷가에 나가 멀리에서도 마을이 잘 보이도록 모닥불을 활활 지폈다. 마을 사람 모두 한숨도 자지 않고 목을 길게 빼고 사냥꾼들을 기다렸다.

한밤중이 되자 갑자기 엄청난 강풍이 불면서 파도가 크게 일었다. 사람들은 더 이상 바닷가에서 기다릴 수가 없어 모두 집으로 돌아갔다. 바람이 잠잠해지자 부락장은 마을에서 힘이 가장 센 남자 다섯 명을 불렀다. 부락장은 젊었을 때는 기운이 얼마나 셌는지 이길 자가 아무도 없었다고 한다.

"내가 직접 배를 조종하겠네. 일단 식사를 하고 사람들을 찾으러 나가세. 무척 힘이 들겠지만 찾아야만 하네."

부락장과 남자들은 비장한 각오로 배에 올랐다. 어두워지기 전까지 계속 배를 몰았다. 이틀 밤낮을 쉬지 않고 배를 몰아간 끝에 작은 섬에 도착했다. 해변에 배를 정박한 뒤 주위를 둘러보니 거대한 집이 한 채 서 있었다. 자세히 보니 며칠 전 사냥을 나갔던 마을 사람들의 배가 그 집 조금 위쪽에 세워져 있었다. 그런데 이상하게 집을 들고 나는 사람이 전혀 없었다. 부락장이 그들 중 가장 젊고 민첩한 남자에게 칼을 챙겨서 집 밖의 창문 옆에 매복하라고 했다.

"내가 집 안으로 들어가겠네. 다른 사람들은 문 옆에서 기다리게. 필요하면 소리쳐 부르겠네."

부락장은 문을 열고 집 안으로 들어갔다. 그런데 그 순간 창문에서 망을 보던 한 거인이 불 속으로 떨어지면서 동시에 머리가 바닥에 나뒹굴었다. 부락장은 주위를 둘러보았다. 왼쪽 침대에는 여인이 있었고 그 위쪽에는 할아버지 할머니가 있었다. 이들은 아주 못된 식인종이었다. 할아버지가 말했다.

"당신들이 동료들을 찾으러 이곳에 온 것을 알고 있네. 창을 저기에 세워 놓고 밖에 있는 사람들을 모두 들어오라고 하게. 차분하게 서로의 잘잘못을 따져 보세. 우리가 죄를 많이 지은 것도 이미 알고 있네."

부락장은 밖에 있는 동료들을 들어오라고 했다.

네 남자가 집 안으로 들어오자 할아버지가 말했다.

"조용히 여기에 앉게."

고개를 들더니 밖의 창문 옆에 매복해 있는 남자에게 말했다.

"이리 내려와 앉게."

그렇게 해서 모두 모이자 아주 못된 식인종 할아버지가 말했다.

"내 큰아들이 불 속에 죽은 채로 누워 있네…."

남자들은 주위를 둘러보았다. 침대가 아주 많았다. 할아버지의 말은 계속되었다.

"이미 말했지만 나는 당신들이 어디서 왜 이곳에 왔는지 알고 있소. 아이들에게 당신 동료들을 돌려보내라고 했는데…. 큰아들이 말을 듣지 않더군. 설득하려 했지만 막무가내였어. 결국 내 큰아들은 지금 당신들의 손에 죽었네. 오른쪽으로 가서 아래 구석을 보게."

그곳에는 동료들의 옷가지가 어지럽게 널려 있었다. 모자, 바지, 사냥 옷, 장갑, 양말, 신발 등. 모든 것이 그곳에 있었다. 할아버지가 계속했다.

"당신들은 동료들을 찾으러 왔지만 안타깝게도 우리가 모두 먹어 치웠네. 이번에 또 우리가 당신들을 잡아먹으면 마을에 있는 당신들의 동료들이 반드시 우리를 찾아내어 죽이겠지. 그래서 나는 아들들에게 당신들을 돌려보내자고 했지만 큰아들이 '모두 여섯 명뿐이 안 되니 나 혼자서도 거뜬히 해치울 수 있어!'라며 큰소리치더군. 그런 큰아들이 당신들 손에 죽었으니 이제 우리 사이에 셈은 끝났네. 동료들의 옷가지와 물품을 모두 챙겨서 떠나게. 그리고 당신들 마을에 가서 장례를 치러 주게. 내 아들이 죽였지만 내가 그 대가를 치르겠네. 저기 상자에 있는 물건을 가지고 가되 필요 없는 물건은 놓고 가게. 죽은 당신 동료들의 몫도 챙겨 가게. 그들 몫으로 무엇을 가지고 갈 것인지는 알아서들 결정하게."

중앙에 놓인 침대 한가운데는 상자 열 개가 있었다.

"상자를 열어 보게. 상자마다 들어 있는 물건들이 다르네."

상자를 열었다. 한 상자는 칼, 한 상자는 비단, 한 상자는 흑담비 다리 가죽으로 가득했다.

사람들이 상자의 물건을 배에 싣기 시작하자 노인이 말했다.

"다 가져가면 안 되네. 상자마다 조금씩은 남겨 두게. 당신들이 모든 것을 다 가져가면 우리는 그걸 찾기 위해 당신들과 다시 싸워야 할 것이네."

그런데 이미 배에 다 실은 뒤였다. 고향 마을로 떠나기에 앞서 마지막으로 노인의 집 옆에서 담배를 피우기로 했다. 그 순간 그들의 뒤에 아름답고 젊은 아가씨가 나타났다.

"저는 당신들이 두렵지만 이 말을 꼭 하고 싶어요. 저는 니브흐인입니다. 저들은 사람을 잡아먹는 식인종입니다. 저들이 저를 납치해 온 지 꼬박 6년이 흘렀습니다. 이유는 알 수 없지만 저를 잡아먹지 않았어요. 저는 식인종들의 음식을 먹지 않기 때문에 제게 바다표범과 생선을 잡아 주었습니다. 제 솥과 식기가 따로 있습니다. 저들은 제 눈앞에서 젊은 청년을 죽였습니다. 청년은 매우 야위어서 먹을 게 없었습니다. 그러자 저들은 청년을 곰처럼 사슬로 묶은 뒤 음식을 가져다주었습니다. 정확하게 3개월 뒤, 여전히 살이 찌지 않자 바다표범과 생선을 잡아 먹이더군요. 얼마 뒤 청년은 포동포동 살이 쪘습니다. 살려 달라는 청년의 피 끓는 애원에도 아랑곳 않고 죽인 뒤 여러 조각으로 잘라 삶아 먹더군요. 저를 가엾게 여기시고 데리고 가 주세요."

부락장이 대답했다.

"가엾군요. 아가씨의 외모를 보니 니브흐인이 분명하군요. 저희와 함께 갑시다."

남자들은 아가씨를 고향 마을로 데리고 왔다. 아가씨가 말했다.

"저를 가엾게 여기신다면 제가 한 달 동안 살 수 있는 곳을 마련해 주세요. 식인종들과 함께 산 6년 동안 제게 배어든 식인종들의 냄새를 없애고 싶어요. 그다음 마을에 가서 살겠어요. 그때는 물을 길어 사람들에게 주겠어요. 제 힘이 닿는 한 사람들에게 많은 걸 베풀겠어요."

아가씨에게 작은 움집을 지어 주었고 마을에서 음식을 가져다주었다. 아가씨는 매일매일 전나무 가지와 철쭉 가지를 태워 몸에 밴 식인종 냄새를 없앴다. 한 달 뒤 아가씨는 자신을 알뜰하게 보살펴 준 젊은 청년과 결혼했다.

저승에 갔다 온 남자

먼 옛날 강 하구의 어느 마을에 한 남자가 부모님을 모시고 아내와 함께 살고 있었다. 남자가 아직 어렸을 때 부모님이 며느리로 삼으려고 이웃 마을의 아가씨를 데려와 가풍, 요리, 옷 짓는 법을 가르치면서 같이 살았다. 그렇게 잘 크는 것 같았는데 느닷없이 아가씨가 죽고 말았다. 청년은 곧 다른 아가씨와 결혼해 남매를 낳았다. 어느 날 남자가 사냥을 나갔다가 여우를 발견해 화살을 쏘았다. 그런데 여우는 죽지 않았고 화살을 꽂은 채 피를 철철 흘리면서 그대로 도망을 갔다. 겨울이었다. 눈이 깊이 쌓여 있었다. 남자가 여우의 뒤를 쫓아갔다. 여기로 가면 여기에 누워 있다 후다닥 도망을 갔고 저기로 가면 저기에 누워 있다 후다닥 도망을 갔다. 여우가 머문 곳에는 피가 흥건히 고여 있었다.

제법 오랫동안 여우의 뒤를 쫓았다. 이제는 너무 약이 올라 무슨 일이 있어도 꼭 잡아야겠다는 생각뿐이었다. 그렇게 둘이 쫓고 쫓기는 줄다리기를 하던 중 여우가 굴속으로 쏙 들어가 버렸다. 여우의 상처에서는 여전히 피가 물처럼 흘러내렸다. 남자는 여우를 잡고야 말겠다는 오기가 발동해 여우 굴에 머리를 들이밀고 손으로 굴 안을 파냈다. 굴이 점점 넓어지더니 무릎을 구부리고 걸을 수 있을 정도가 되었다. 그렇게 남자는 계속해서 굴을 팠고 마침내 일어서서 걸을 수 있을 정도로 굴이 넓어졌다.

굴 안은 어두웠지만 남자는 조금도 개의치 않고 걸어갔다. 밤인지 낮인지 분간할 수가 없었다. 아랑곳 않고 계속 걸어갔더니 아주 조금씩 빛이 비쳐 왔다. 빛을 따라간 남자는 붉은색 땅에 이르렀는데 그곳은 여름이었다. 초록 풀들이 무성했다. 남자는 향긋한 풀 내음에 취해 정신없이 걸었다. 그러다 보니 어느새 굉장히 큰 물고기들이 뛰어다니는 큰 강에 이르렀다. 남자는 기슭에 앉아 숨을 돌리면서 담배를 피워 물었다.

가지고 온 음식이 없었기에 남자는 무척 배가 고팠다. 허기를 달래려고 일어서서 강기슭을 따라 걸었다. 그때 두 젊은이가 작살을 들고 남자 쪽으로 오다 도중에 작살로 물고기를 잡았다. 남자 옆에 왔는데 남자에게는 눈길 한번 주지 않고 자신들끼리만 이야기를 주고받았다. 작은 물고기들은 놓아주고 큰 물고기만 잡았는데 마치 남자에게 약을 올리는 것 같았다. 남자가 생각했다.

'나에게는 전혀 관심이 없구나. 그냥 옆으로 지나가야겠다.'

무작정 걷다가 강기슭에 있는 큰 마을에 도착했다. 집이 얼마나 많은지! 마을에는 사람들도 무척 많았다. 여인들, 남자들, 아이들이 보였다. 남자는 그들의 곁을 지나쳐 갔다. 그렇게 하염없이 걷다 큰 집 근처에서 멈추었다. 집 밖에는 나이 지긋한 아저씨가 작살을 만들고 있었다. 남자는 아저씨 옆에 가서 앉았다. 하지만 아저씨는 남자에게 눈길 한번 주지 않았다. 남자가 생각했다.

'참 이상한 일이야! 이 마을 사람들은 도대체 나에게 알은체를 하지 않네! 내가 이상해 보이나!'

남자가 아저씨가 만드는 작살을 건드리는 바람에 아저씨가 작살에 손을 베여 피가 흘렀다. 집으로 달려간 아저씨가 한 여인의 옆에 앉아 다급하게 부탁했다.

"빨리 손을 동여매! 피를 멈추게 해 봐!"

남자는 아저씨의 뒤를 따라 들어가서 가운데 침대에 걸터앉았다. 집 왼쪽에는 노부부가 있었다. 손을 베인 중년의 남자가 말했다.

"작살을 다듬다가 작살이 옆으로 기울어지는 바람에 손을 베였어요."

남자가 무심코 아래쪽을 보았는데 그곳에 죽은 아내가 있는 것이 아닌가! 그건 그렇다 치더라도 기분 나쁘게 누구도 남자에게 알은체를 하지 않았다. 아이쿠! 세상에! 아까 물고기를 잡던 젊은이들이 물고기를 들고 집 안으로 들어왔다.

"아주 맛있는 물고기만 잡아 왔어요."

그 말을 들은 노인이 말했다.

"여인들! 이리 와서 물고기를 삶으세요!"

남자의 전 부인과 손을 베인 아저씨의 아내가 밖으로 나가 물고기를 다듬고 요리를 했다. 요리를 마친 뒤 가져와서 나누어 먹는데 남자에게는 생선 한 점 주지 않았다. 남자는 너무나 배가 고팠다. 남자는 밖으로 나가 직접 솥을 열어 생선 요리를 먹었다. 세상에 이럴 수가! 이렇게 맛있는 생선이 있다니!

음식을 먹고 나서 강으로 내려가 물을 마신 뒤 다시 그 집으로 들어갔다. 그 집 사람 누구도 남자에게 관심을 보이지 않았지만 남자는 그 집에서 하룻밤 묵기로 결정했다. 모두 저녁 식사를 마친 뒤 이부자리를 만지면서 잠자리에 들 채비를 하고 있었다. 누군가 남자의 옆을 지나가다가 남자의 다리에 걸려 그만 넘어지고 말았다.

"대체 누가 다리를 건 거야? 왜 그런 거야?"

우렁우렁 소리쳤지만 아무도 대답이 없었다. 누가 범인인지 도무지 알 수가 없었다. 한바탕 소동이 끝난 뒤 모두 죽은 듯이 깊은 잠에 빠져들었다. 남자는 잠을 이루지 못하고 이런저런 생각을 하다 갑자기 화가 치밀어 올라 참을 수가 없었다.

'뭐 이런 사람들이 있지? 내게는 음식도 주지 않고 말도 한마디 안 걸잖아!'

남자는 아내 옆에 가서 누웠다. 손을 뻗어 아내를 껴안았다. 아내가 갑자기 "아! 아!" 하는 신음 소리를 내더니 일어나 앉았다. 아내의 고통은 이만저만한 것이 아니었다. 아내는 침대 끄트머리에 가서 앉았다. 그 순간 노인들이 잠에서 깨어나 물었다.

"무슨 일이니?"

"자는데 갑자기 온몸이 콕콕 쑤시기 시작했어요. 몽둥이로 두들겨 맞은 것 같이 아파요."

경악을 한 남자는 중앙에 있는 침대로 갔다. 한 노인이 말했다.

"빨리 샤먼을 불러오너라!"

여인은 너무 고통스러운 나머지 머리를 감싸 쥐고 흐느껴 울었다. 죽음보다 더 지독한 고통이었다. 한 청년이 샤먼을 데리고 왔고 샤먼이 주술 의식을 시작했다.

"어떤 인간이 당신 집에 있습니다. 우리 친구가 작살에 손을 베일 때도 그 옆에 있었습니다. 그자가 작살을 치는 바람에 손을 다친 겁니다."

남자는 빨리 이곳을 빠져나가는 게 좋다고 생각했다. 집을 빠져나온 남자는 건조대에 걸린 생선 중 가장 통통하고 맛있어 보이는 놈을 챙겨 들고 길을 떠났다. 한참을 걷다 거대한 순록 두 마리가 자신을 밟아 죽이려고 뒤에서 쫓아오고 있다는 사실을 알게 되었다. 남자는 혼비백산해 달아났다. 얼마나 달렸는지…. 어찌 되었든 굴 근처까지 왔다. 굴 속으로 들어가 어둠 속을 걷다 보니 순록은 더 이상 보이지 않았다. 한참을 지나니 빛이 보였다. 드디어 자신의 마을에 도착했다. 굴 밖으로 나가 마을로 향했다. 붙잡고 있던 생선 꾸러미를 펴 보았더니 완전히 썩어 있었다. 어떻게 이런 일이! 남자는 친구들에게 자신이 겪은 이야기를 남김없이 들려주었다.

"정말로 저세상이 있어!"

그날 밤, 남자는 자다가 간다 온다 한 마디도 남기지 못한 채 저세상으로 떠났다.

네 여인을 아내로 맞이한 용감한 무사

어느 산속에 무사가 사는 집 한 채만 달랑 서 있었다. 어느 날 사냥을 나간 무사는 멧돼지 발자국을 쫓다가 예기치 않게 제법 멀리까지 가게 되었다. 어느덧 해가 뉘엿뉘엿 지고 있었다. 그렇다고 무사의 체면에 포기할 수는 없는 일! 결국 멧돼지를 찾아내어 멋들어지게 죽인 뒤 집으로 가지고 오려 했으나…. 집은 너무 멀었고 주위는 이미 어둠에 싸여 있었다. 고기를 한곳에 모아 두고 당장 먹을 것만 조금 가지고 집으로 돌아와 고기를 삶아 먹은 뒤 잠이 들었다.

아침 일찍 일어나 썰매를 타고 나머지 고기를 가지러 갔다. 그런데 고기가 몽땅 사라진 것이 아닌가! 동물 발자국은 어디에도 없었다. 너무 화가 났다. 억울하고 분한 마음에 씩씩거리는데 우연찮게 사슴 발자국을 발견했다. 해가 이미 언덕을 넘어갔지만 포기하지 않고 사슴 발자국을 쫓아가서 결국 사슴 사냥에 성공했다. 사슴을 여러 조각으로 자른 뒤 어제처럼 한곳에 모아 두었다. 집으로 가지고 가면 좋으련만! 집은 너무 멀었다. 당장 먹을 것만 조금 챙겨서 집으로 돌아가서 고기를 삶아 먹고 잠이 들었다. 아침 일찍 일어나 썰매를 타고 고기를 가지러 갔다. 고기가 또 사라졌다. 어디에도 동물 발자국은 없었다. 어제보다 더 화가 심하게 치밀어 올랐다. 화를 달래면서 잠시 앉아 있다가 다시 언덕으로 올라가 사냥감을 찾아 이 산 저 산 정신없이 뛰어다녔다.

한참을 돌아다닌 끝에 곰 굴을 발견했다. 곰을 나오라고 유인해 죽인 뒤 여러 조각으로 잘라 고기를 한곳에 모아 두었다. 부러진 나무가 있어 사람처럼 꾸민 뒤 팔을 만들어 걸어 놓으면서 단단히 일러두었다.

"누가 내 고기를 훔쳐서 어디로 가는지 잘 보았다가 손가락으로 그자가 간 방향을 가리키도록 해라!"

이번에도 고기를 먹을 만큼만 가지고 갔다. 고기를 삶아 먹고 잠이 들었다. 어스름이 걷히기도 전인 아주 이른 아침에 일어나 썰매를 끌면서 고기를 가지러 갔다. 고기가 감쪽같이 사라졌다. 어제 만들어 놓은 '사람'에게 갔더니 손가락으로 위쪽 언덕을 가리켰다. 그곳으로 출발했다. 멀다 가깝다 생각을 할 겨를도 없이 쉬지 않고 걸어갔다. 눈 위에서 동물 발자국을 발견했다. 가면 갈수록 동물 발자국은 더 커지더니 어느 순간 사람 발자국으로 변했다. 발자국을 따라 계속 걸었다. 늪을 지나니 연기가 모락모락 피어나고 있었다. 저건 분명히 집이다! 머리를 한 대 쳤다!

파리로 변신해 날아갔다. 날고 또 날고…. 날고 또 날고…. 그 집 옆을 지나가면서 보니 털이 다 빠진 늑대들, 호랑이들이 경비를 서고 있었다. 벽에 앉아 가만히 들여다보니 안에는 여인 두 명이 있었다.

'한 명은 하인이고 한 명은 주인인 것 같군.'

주인으로 보이는 여인을 뚫어지게 살펴보았다. 거무스름한 피부, 자르르 윤기가 흐르는 머릿결을 가진 아름다운 여인이었다. 여인들은 곰 고기를 삶아 먹으면서 웃음꽃을 피우고 있었다. 물론 좋겠지! 공짜로 고기가, 그것도 곰 고기가 생겼는데 얼마나 좋겠어! 남자는 분노로 두 손을 불끈 쥐면서 되뇌었다.

'내 고기를 훔쳐 먹으면서 좋다고 웃고 있단 말이지. 그런데 저들이 내가 사냥을 한 것을 어떻게 알았을까? 이상한 일이군!'

여인들에게로 날아갔다. 거무스름한 피부의 여인이 고기를 먹으려 할 때 남자는 가는 바늘로 변신해 여인이 입을 벌리는 순간 입안으로 들어갔다. 위장 속에 들어가서 튼튼한 곳만 골라서 찔렀다. 여인은 극심한 통증으로 바닥을 데굴데굴 굴렀고 자꾸 토하려고 했다. 종당에는 통증 때문에 발작을 일으키면서 다른 여인에게 말했다.

"빨리 큰언니에게 가서 이리로 오라고 해. 호랑이를 타고 가도록 해."

다른 여인은 재빨리 일어나 달려 나갔다. 남자는 무슨 일이 일어나는지 계속 지켜보았다. 여인은 호랑이를 타고 귀에서 쌩쌩 소리를 내면서 강 상류로 방향을 잡더니 금방 시야에서 사라졌다. 남아 있는 여인은 무척 고통스러워했다. 저녁 무렵 호랑이를 타고 갔던 여인이 또 다른 여인을 데리고 나타났다. 두 여인은 고통스러워하는 여인을 심각한 눈으로 바라보면서 들어왔다. 남자는 생각했다.

'샤먼이 왔구나. 참 아름답고 고결하군!'

방에 들어간 여인이 말했다.

"세상에! 어머나! 이게 무슨 일이야?"

아픈 여인의 언니였다. 언니를 보아서인지 여인의 고통이 조금 수그러드는 것 같았다.

"무슨 일인지 나도 모르겠어. 아파서 죽을 것 같아. 죽기 전에 나를 좀 어떻게 해 줘."

샤먼 여인은 불을 지핀 뒤 북을 두드리기 시작했다.

"둥둥둥!"

북소리가 울려 퍼졌다. 북을 몇 번 두드린 뒤 말했다.

"아이고! 이걸 어쩌면 좋아! 너희는 무사의 멧돼지, 사슴, 곰 고기를 훔쳐 왔구나. 그래서 너희가 벌을 받는 거야! 지금 무사가 바늘로 변신해서 네 몸속에 있어."

"아니야, 무슨 소리야! 여기에 아무도 안 왔어. 그러면 내 보초들이 몰랐을 리가 없어."

그 순간 입에서 바늘이 튀어나와서 사람으로 변신했다. 참으로 아름답고 용감한 청년의 모습에 여인들은 넋을 잃었다.

"당신은 어째서 이렇게 소란을 피우는 겁니까? 제가 아내가 될 여인들에게 고기를 좀 주었기로 그렇게 질책하면 어떻게 합니까?"

샤먼 여인은 북을 내려놓았다. 졸지에 아내가 되어 버린 여인들은 얼굴이 빨개지면서 고개를 숙였다. 샤먼 여인은 자신의 물건을 챙겨 들고 눈 깜짝할 사이 밖으로 뛰어나가 말에 올라타더니 쇠 채찍으로 말을 때리면서 쏜살같이 날아갔다. 남자는 샤먼 여인의 고아한 모습에 마음을 빼앗기고 말았다.

'당신이 어디로 가든 따라가겠어.'

남자도 말을 타고 샤먼 여인의 뒤를 쫓아갔다. 처음에는 샤먼 여인과의 거리가 무척 멀었는데 점점 거리가 좁혀지더니 급기야 거의 동시에 샤먼 여인의 집에 당도했다. 먼저 도착한 샤먼 여인이 말을 묶어 놓고 집으로 들어갔다. 남자는 다시 파리로 변해 굴뚝에 앉아 집 안을 유심히 들여다보았다. 샤먼 여인이 앉아서 동생으로 보이는 여인과 이야기를 나누기 시작했다.

"언니! 이번에 무슨 재미있는 일 없었어요?"

"에구머니, 말도 못 해! 기가 막혀서! 네 언니들이 무사의 고기를 훔쳐 먹었지 뭐니. 무사가 불같이 화가 나서 그 아이들을 죽이려고 했어."

동생이 죽을 끓여 식탁에 놓았다. 샤먼 여인이 앉아서 죽을 먹으려다 한마디 툭 내뱉었다.

"그 무사가 내 뒤를 따라왔을지도 몰라."

그 순간 남자가 아래쪽에서 튀어나왔다.

"함께 이야기를 나누면서 식사를 하면 안 될까요? 어차피 당신은 더 이상 도망갈 곳도 없어요."

남자의 만류에도 샤먼 여인은 자신의 물건을 챙겨 들고 재빨리 밖으로 나갔다. 남자는 오랫동안 못 먹었기 때문에 먹어야만 했다. 식사를 마치고 밖으로 나온 남자가 혼잣말을 했다.

"당신을 반드시 손에 넣을 것이오. 당신을 얻을 수 있다면 어떤 어려움도 감수할 수 있소. 결투도 두렵지 않소."

남자는 귀에서 쌩쌩 소리를 내면서 샤먼 여인의 뒤를 쫓아갔다. 아까 그 집과 비슷한 모양의 집이 나타났다. 남자보다 먼저 그 집에 도착한 샤먼 여인이 말을 묶었는데 말은 땀범벅이었고 입에는 거품을 물고 있었다. 샤먼 여인은 집으로 들어갔고 남자는 말 다리를 기둥에 묶어 놓은 뒤 파리로 변신했다. 이제 무슨 일이 일어나는지 볼까! 집 안에는 동생으로 보이는 또 다른 여인이 있었다.

"언니! 이번에 무슨 일이 있었어?"

"물어볼 필요도 없어. 이제 곧 알게 될 거야. 가다 먹게 말린 생선이나 줘."

그 순간 남자가 튀어나왔다.

"봐! 벌써 알게 되었잖아!"

동생은 아주 잽싸게 말린 생선과 먹을거리를 주섬주섬 싸서 언니의 주머니에 집어넣었다. 언니는 뒤도 돌아보지 않고 밖으로 달려 나갔다. 말에 앉아 채찍을 휘둘렀는데 말이 꿈쩍도 하지 않았다. 남자가 샤먼 여인의 뒤에다 대고 소리쳤다.

"말을 쉬게 그냥 내버려 두시오! 그동안 우리는 함께 식사를 하면서 이야기를 나눕시다."

이 순간 여인이 무엇을 할 수 있겠는가! 안으로 들어갔다. 동생은 팔을 걷어붙이고 세 사람이 먹을 음식을 준비했다. 예상보다 더 많은 음식을 준비하느라 동생은 진땀을 뺐다. 세 사람은 식사를 하면서 이야기를 나누었다.

샤먼 여인이 말했다.

"더 이상 저를 쫓아오지 말고 지금 당장 집으로 돌아가세요. 나를 따라다니다간 죽음을 면치 못해요. 제 남편은 굉장히 흉포하답니다. 물의 신이에요. 물기슭에 나오면 땅이 갈

라질 만큼 쩌렁쩌렁 크게 소리를 치죠. 그 소리를 듣는 것만으로도 사람들은 그 자리에서 죽는답니다."

"상관없어요. 싸우겠어요. 내가 더 약하면 내가 죽을 것이고 내가 더 강하면 내가 그자를 죽일 겁니다."

샤먼 여인은 말을 타고 떠났고 남자는 그곳에서 밤을 보내면서 휴식을 취한 뒤 추격에 나섰다. 샤먼 여인이 사는 마을로 가서 샤먼 여인의 집으로 들어갔다. 물의 신의 집답게 집은 물 가운데 있었다. 그때 물의 신이 가슴팍까지 물 밖으로 내밀고 강기슭에 대고 소리쳤다. 아닌 게 아니라 마을 주민들은 정말로 그 소리에 놀라 죽어 나갔다. 남자는 몸을 꼿꼿이 하고 그 자리에 서 있었다.

"오호! 아주 용감한 무사가 왔네! 그냥 보내 줄까 아니면 한번 붙어 볼까?"

남자는 싸우자고 덤볐다. 둘이 맞붙어 싸우기 시작했다. 집이든 뭐든 가리지도 않고 아무거나 집어 던지면서 싸웠다. 마을 주민의 절반이 죽은 채 땅에 널브러졌다. 결국 물의 신은 남자에게 죽임을 당했고 남자는 샤먼 여인을 아내로 맞이했다. 남자는 여인을 데리고 자신의 집으로 가면서 둘째, 셋째, 넷째 여동생에게 들렀다. 여동생들은 남자에게 고기를 대접했는데 다름 아닌 남자가 잡은 고기였다. 고기를 먹은 뒤 모두 함께 남자의 집으로 갔다.

대머리 소년

마을 한가운데 부락장의 집이 있었다. 그 위쪽에, 다른 집들과 조금 떨어진 곳에 두 형제의 집이 있었다. 형은 평범한 소년이었지만 동생은 대머리였다. 형제는 아버지와 함께 살았다. 마침 곰 축제 기간이어서 형은 매일 일어나자마자 곰에게 갔지만 동생은 아버지와 그냥 집에 있었다.

소년들은 곰과 잠시 놀고 난 뒤 얼음 위에서 위 팀 아래 팀으로 나누어 공치기 놀이를 했다. 소년들은 매일 그렇게 놀았다. 어느 날 대머리 동생은 몸이 근질거리고 무료해 소년들이 노는 곳으로 갔다. 장갑을 끼고 가는 줄을 한 움큼 허리춤에 찬 채 개를 묶어 놓은 나무 옆에서 어정거렸다. 그렇게 혼자 서 있는데 갑자기 아래 팀의 공이 위 팀의 머리 위로 쌩 소리를 내면서 날아가는가 싶더니 대머리 동생 앞에 툭 떨어졌다. 대머리 동생은 아래 팀 위 팀을 지나 더 멀리 날아갈 정도로 세게 돌을 되받아쳤다. 그 순간 형이 뛰쳐나왔다. 노는데 끼어든다며 동생에게 욕을 하면서 집으로 쫓아 보냈다. 형은 그렇게 하루 종일 놀다가 장작 팰 시간이 되어서야 집으로 돌아왔다.

다음 날 다시 형제는 공놀이를 하러 갔다. 대머리 동생은 어제와 같은 곳에서 기웃기웃했다. 다시 공이 동생이 있는 곳으로 떨어졌다. 동생은 이번에도 모든 사람들의 머리 위를 지나 멀리까지 날아갈 정도로 공을 세게 쳤다. 형은 또 동생에게 윽박을 질렀고 놀란 동생은 뒤도 돌아보지 않고 달아났다.

드디어 곰 축제의 마지막 날이 되었다. 이제는 곰과 헤어져야 했다. 마을 주민 모두 곰을 데리고 숲으로 갔다. 마을에는 아무도 없었다. 대머리 동생도 너무 가고 싶었지만 아무도 불러 주지 않았다. 그래도 대머리 동생은 가고 싶은 마음이 크게 동해 한참을 망설인 끝에 주섬주섬 옷을 입고 마을로 갔는데…. 역시 아무도 없었다. 집으로 되돌아가다 우연히 부락장의 집 뒤편에 혼자 앉아 있는 부락장의 딸을 보았다. 소녀에게 살금살금 다가가서 어깨를 잡으니 소녀가 뒤로 벌렁 자빠졌다. 소년은 소녀와 사랑을 나누었다. 소년은 아무 일 없었다는 듯 다시 집으로 돌아왔다.

소녀는 집으로 들어가 몸을 동그랗게 웅크리고 누워 있었다. 그때 곰 축제에 갔던 소녀의 부모님이 돌아오셨는데 딸이 누워 있는 게 아닌가! 어디가 팔이고 어디가 머리인지, 또 다리는 어디에 있는지 알 수 없는 이상한 자세였다. 그러다 벌떡 일어나더니 옷을 걸쳐 입고 밖으로 나가 대머리 소년의 집으로 갔다. 그날 이후 소년과 소녀는 부부가 되어 한 집에서 살았다.

얼마 뒤 저벅저벅 발소리가 들리더니 소년의 집 문이 활짝 열렸다. 소녀의 오빠가 활과 화살을 들고 들어오면서 대머리 소년에게 쏘려고 했다. 대머리 소년이 말했다.

"안 돼요! 안 돼요! 잠시 기다려 봐요! 정말 우연이었어요. 일부러 그런 건 아니었어요."

대머리 소년은 소녀의 오빠를 말리려고 뛰어갔다. 그 순간 소년의 오빠가 활을 쏘았는데 대머리 소년이 용케 피하면서 화살이 벽에 가서 꽂혔다.

"아! 제발! 이제 그만하세요!"

대머리 소년은 화살을 가지고 와서 돌려주었다. 소녀의 오빠는 화살을 받아 들고 그곳을 떠났다. 우울해진 대머리 소년은 긴 파이프 담배를 피우면서 소녀의 옆에 누웠다.

그 순간 다시 저벅저벅 발소리가 들렸고 문이 활짝 열렸다. 부락장이 직접 창을 들고 소년을 찾아왔다. 대머리 소년이 뛰어 일어나 몸을 피했다. 창은 벽에 가서 꽂혔다. 두 번, 세 번, 네 번…. 창을 던졌으나 번번이 실패했다. 부락장은 딸을 창으로 찌르려다 애꿎은 침대만 여기저기 찔러 댔다.

"너희를 이해하고 싶구나. 그럴 수도 있겠지."

부락장은 딸을 한 번 껴안아 주고 떠났다. 얼마 뒤 대머리 소년은 마을 위쪽에 죽은 고래가 널브러져 있다는 말을 듣고 형과 함께 그곳으로 갔다. 그런데 어린 곰들이 고래 근처에서 잔치를 벌이면서 놀고 있었다. 아뿔싸! 소년을 발견한 어린 곰들이 너무 놀라 숨소리도 못 내고 허둥지둥 달아났다. 대머리 동생이 형에게 말했다.

"형! 내 처가에 가서 같이 곰 사냥을 가자고 해 봐. 일단 우리 집으로 오시라고 해. 나도 집에 가 있을게."

형이 가서 그 말을 전하자 모두 어린애처럼 좋아했다. 얼마 전까지는 소년을 죽이지 못해 안달이 난 사람들이었는데…. 어쩌겠는가! 형이 돌아왔다.

"곧 온대. 아주 좋아하던데…."

그 말이 끝나기 무섭게 처가 식구들이 소년의 집에 들이닥쳤다. 부락장과 그의 아들은 창을 들고 있었고 옷은 무척 수려했다. 대머리 소년은 밖으로 나가 한참을 찾아다니다가 작은 창을 발견해 아버지에게 주었다. 이렇게 모두 자신만의 무기를 들고 일대 격전이 벌어질 장소로 출발했다. 제법 오랫동안 걸었다. 대머리 소년이 멈추어 서면서 아버지와 장인에게 말했다.

"조금만 더 앞에 가서 멈추세요. 그리고 무슨 일이 일어나는지 잘 보세요."

조금 더 앞으로 가니 곰이 떼 지어 내려오는 모습이 보였다. 대머리 소년이 말했다.

"우리가 가까이 가면 어린 곰들이 놀라서 뿔뿔이 달아날 거예요. 대신 엄마 곰이 나타날 거예요. 어린 곰들은 절대 죽이지 마세요."

아닌 게 아니라 어린 곰들과의 거리가 가까워지자 어린 곰들이 허둥지둥 꽁무니가 빠지도록 사방으로 달아났다. 그때 장인이 달아나는 어린 곰들에게 활을 쏘려 하자 대머리 소년이 말렸다.

"안 돼요! 어린 곰들은 건드리면 안 돼요!"

어린 곰들의 자취가 없어지자 이번에는 거대한 엄마 곰이 내려왔다. 대머리 소년은 아버지에게 그 자리에서 꼼짝도 하지 말라고 했다. 자신은 장인과 함께 큰 곰이 가는 곳으로 갔다. 엄마 곰은 주위를 둘러볼 생각도 않고 곧장 고래에게 가서 숨도 쉬지 않고 허겁지겁 먹기 시작했다. 그때 대머리 소년이 장인에게 말했다.

"여기에 그대로 계세요."

대머리 소년은 나뭇가지를 꺾어 들고 아래로 내려갔다. 곰의 조금 위쪽에 가서 나뭇가지로 물을 두들기면서 말했다.

"타이가의 신이여! 산의 신이여! 당신과 결투를 하러 왔습니다. 일어나십시오!"

그 말과 함께 대머리 소년은 자리에서 일어났다. 장인은 초조한 마음에 안절부절못했다. 소년이 장인에게 말했다.

"제 옆에 와서 앉으세요."

소년이 말을 채 마치기도 전에 물 두드리는 소리에 흠칫 놀란 곰이 두세 번 으르렁거린 뒤 소년과 장인이 있는 곳으로 올라오기 시작했다. 너무 놀란 장인은 그 자리에서 앉지도 서지도 못하고 뒤로 달아나려고 했다.

"장인어른! 안 돼요! 절대 움직이면 안 돼요!" 곰은 이리저리 방향을 바꾸면서 으르렁거렸다. 소년과의 거리가 완전히 가까워지자 장인은 뒤로 두 걸음 물러난 뒤 위쪽으로 도망을 갔다. 대머리 소년은 곰이 달려들기만 기다렸다. 급기야 곰과 최후의 일전이 시작되었다. 소년이 곰을 때려눕히자 그제야 장인이 달려와서 곰을 창으로 찔렀다. 곰이 바닥에 쓰러지자 소년은 사람들을 불렀다.

"이리 오세요!"

모두 달려오자 장인에게 말했다.

"가지고 가세요! 제가 드리는 선물이에요!"

소년은 아버지와 함께 집으로 돌아왔고 다른 사람들은 그곳에 남아 곰 가죽을 벗기고 내장을 꺼낸 뒤 부위별로 자르기 시작했다.

얼마 지난 뒤 그들은 감사의 표시로 대머리 소년에게 살아 있는 어린 곰을 선물로 보냈다. 대머리 소년은 곰을 자식

돌보듯 지극정성으로 키우다가 숲으로 돌려보냈다. 얼마 뒤 숲속에 갔던 대머리 소년은 아주 큰 은 덩어리를 발견해 만 주인에게 가서 다른 물건과 바꾸었다. 물건이 얼마나 많았는지 큰 배로 한가득이었다. 소년은 이 물건들을 앞에 놓고 처가 식구들과 잔치를 벌였고 모두 부자처럼 풍요롭게 살았지만 죽을 때는 곤궁해졌다.

동생을 속이고 결혼한 누나

남매가 있었는데 누나는 활과 화살을 만들었고 동생은 사냥을 했다. 동생이 사냥을 못하고 그냥 돌아오는 날이 빈번해졌다. 게다가 누나는 동생 몰래 옆집 청년과 결혼을 약속했는데 동생이 여간 거치적거리는 게 아니었다. 누나는 동생을 죽이기로 마음 먹었다. 누나가 동생에게 말했다.

"곶 일곱 개를 지나면 피가 흐르는 작은 개울이 있어. 거기에 가서 기도를 하고 오면 사냥이 잘될 거야."

누나의 말을 철석같이 믿고 동생은 길을 떠났다. 곶 하나를 지날 때마다 허기진 배를 달래면서 허리띠를 단단히 졸라맸다. 동생이 누워서 잠깐 쉬는데 나비가 옆에 날아와 이상한 말을 했다.

"이봐 청년! 너무 가여워! 이봐 청년! 더 이상 가 봐야 아무 소용없어! 네 누나는 한쪽 다리는 집 밖에, 한쪽 다리는 집 안에 놓고 오른손으로 문고리를 잡고 서서 네게 주술을 걸어 죽이려 하고 있어. 무서운 아가씨, 불행한 집안!"

"나비야, 왜 그렇게 이상한 말을 해!"

쉬지 않고 걸어 이미 곶 두 개를 지났다. 다시 쉬고 있는데 빼꾸기가 날아와 나비가 했던 말과 똑같은 말을 했다.

"무서운 아가씨! 불행한 집안!"

"빼꾸기야, 왜 그렇게 이상한 말을 하고 그래!"

빼꾸기는 날아갔고 동생은 허리띠를 조여 맨 뒤 다시 길을 떠나 곳 하나를 더 지났다. 이번에도 전과 다름없이 쉬고 있는데 까마귀가 날아왔다.

"깍! 깍! 무서운 아가씨! 불행한 집안!"

"까마귀도 저렇게 노래하네!"

까마귀에게 돌을 던지자 까마귀가 푸드덕 날아갔다. 다시 허리띠를 조여 매고 길을 떠나 곳 하나를 더 지난 뒤 누워서 쉬고 있는데 이번에는 여우가 달려와 새들과 똑같은 말을 했다. 청년은 다시 허리띠를 조여 매고 강기슭을 따라 걷다가 낙엽송을 보았다. 그 밑에 침대가 있었다. 잠시 누워 있으면 피로가 풀릴 것 같았다. 손, 다리, 머리를 올려놓을 곳도 이미 마련되어 있었다. 청년은 잠시 누워 있다가 일어나려 했으나 몸이 달라붙어 일어날 수가 없었다. 그때 어디선가 괴성이 들려왔다. 소리가 점점 가까워지더니 청년의 머리 옆에서 멈추었다. 쿵 쿵 쿵! 위를 보니 부리는 얼음을 깨는 지렛대, 뼈는 용철갑상어, 눈은 울퉁불퉁한 구슬같이 생긴 것이 몸을 구부리고 청년을 이리저리 살펴보고 있었다. 이 괴물은 순식간에 청년을 낚아채더니 어디론가 날아갔다. 얼마나 날아갔을까? 도착한 곳은 악령들의 집이었다.

청년을 집 안으로 데리고 가자 악령들이 웅성거렸다. 청년을 곰처럼 끈과 사슬로 기둥에 묶은 뒤 언덕 쪽 화덕에 솥을 걸고 바다 쪽 화덕에도 솥을 걸었다. 청년을 죽인 뒤 다 먹어 치우고 뼈만 한곳에 모아 두었다. 그런데 왼손 새끼손가락 뼈가 데구루루 다른 곳으로 굴러갔다. 마침 까마귀가 그곳으로 날아와 먹이를 찾느라 머리를 이리저리 돌리다가 그 뼈를 발견했다. 부리에 뼈를 물고 날아가던 까마귀는 바다 옆에 천막이 보여 그곳에서 쉬려다가 실수로 뼈를 떨어뜨렸다. 뼈는 톡톡톡 소리를 내면서 굴러갔다.

천막에는 두 자매가 있었는데 톡톡 소리를 들은 언니가 밖으로 나갔다. 언니는 굴러다니는 뼈를 가지고 들어와 자작나무로 요람을 만든 뒤 뼈를 넣고 흔들기 시작했다. 언니가 자장가를 불렀다.

"자장, 자장, 자장!"

언니는 열기가 확 올라오고 땀이 흐르면서 힘이 조금씩 빠진다고 느꼈다. 자매가 교대로 밤낮을 가리지 않고 요람을 밀었다. 그렇게 열심히 밀어 주던 어느 날 "아앙! 앙! 앙!" 소리가 들렸다. 자매가 요람을 네 번 흔든 뒤 문지방에 던졌더니 멋진 청년이 나타났다. 예전보다 더 건장했고 더 아름다웠다. 머릿결은 윤기가 흘렀고 피부는 광택이 났다. 청년은 얼굴을 붉히면서 고개를 숙였다. 자매들이 청년에게 음식을 대접했다. 모두 함께 식사를 한 뒤 청년이 말했다.

"누나에게 가려면 어떻게 해야 하나요?"

"너무 걱정 마세요."

자매들이 자작나무로 동물, 물고기, 순록의 형상을 만들어 천막에 묶은 뒤 채찍질을 하자 형상들이 진짜 동물, 물고기, 순록으로 변했다. 그들을 썰매에 묶고는 집으로 출발했다. 하늘을 날다가 자신이 살던 마을로 내려와 멈추었다. 자신의 집 근처에 있는 한 노파의 집으로 들어가 누나에 대해 물었다.

"청년! 자네 누나는 결혼을 했어."

그 말을 들은 동생은 누나에 대한 분노를 참을 수 없었다. 분노가 머리끝에서 발끝까지 넘실넘실 춤을 추었다. 동생은 활, 화살, 창을 들고 집 안으로 들어갔다.

"동생아, 나를 좀 봐줘. 내가 너무 가엾지 않니!"

누나의 말은 아예 듣지도 않고 누나를 못으로 벽에 박아 죽였다. 그리고 자신의 여인들을 집으로 데리고 와서 오랫동안 풍족하게 살다 무덤에 들어갔다.

산의 미녀

가난한 노부부가 있었는데 더 이상 사냥을 할 기운이 없어 집에 그냥 있는 날이 많았다. 먹을 것도 날마다 있는 것이 아니어서 굶는 날이 먹는 날보다 많았다. 옷은 낡아 해어졌으며 모자는 완전히 누더기였다. 어느 날 노인이 물고기를 잡으러 강으로 갔다. 노인은 낚싯대로 물고기를 잡았다. 두 번 정도 미끼를 바꾸었으나 번번이 빈 낚싯대만 끌어 올려야 했다.

노인은 집으로 돌아가려다 집에서 주린 배를 움켜쥐고 있을 늙은 아내가 눈앞에 아른거렸다. 다시 한번 해 보자! 마침 무언가 잡혀서 잡아당겨 보았더니 큰 잉어였다. 잉어를 작살로 찔러 죽이려다 자세히 보니 그냥 평범한 잉어가 아니었다. 비늘이 머리부터 꼬리 쪽이 아니라 꼬리부터 머리 쪽으로 향해 있었다.

"어허! 죽이지 말아야겠는걸. 비늘이 반대인 물고기는 여태 한 번도 본 적이 없어. 사람들 말로 그런 물고기는 볼 수는 있어도 잡을 수는 없다고 하던데…. 분명 마법의 물고기야. 할멈에게 가져가서 할멈이 시키는 대로 해야겠어."

잉어를 할머니에게 가져다주었다. 할머니는 처음에는

화들짝 놀라 뒷걸음질 치면서 잉어에게서 달아났다.

"바다 악령을 가져온 것 아니에요?"

"무슨 말이야, 악령은 아니야! 이런 잉어를 잡으면 좋대. 소원을 말하면 잉어가 다 들어준대."

"그럼 아들을 달라고 빌어 봐요!"

노인은 물고기를 위해 굵은 삼나무 가지로 통을 만들었다. 물고기를 통에 넣으면서 소원을 빌었다.

"아들을 갖게 해 주세요!"

할머니 할아버지는 집 안으로 들어가 자려고 누웠다. 할아버지는 금세 잠이 들었으나 할머니는 잠이 오지 않았다. 거의 동이 트고 있었다. 할머니는 통을 보러 달려갔다. 통에는 잉어 대신 아름다운 옷을 입은 수려한 외모의 소년이 자고 있었다. 할머니는 믿을 수가 없었다. 달려가서 할아버지를 깨웠다.

"빨리 일어나요! 아들이 생겼어요!"

그때 아들이 걸어서 집 안으로 들어왔다.

"아버지, 어머니! 이제 함께 살아요! 물고기 엄마의 뜻에 따라 제 물고기를 강에 풀어 주었어요."

함께 살게 되었다. 참 행복했다. 아들이 사냥을 해 물고기도 고기도 넘쳐 났다. 그렇게 시간이 흘러갔고 아들은 어느덧 청년이 되었다. 어느 날 아들이 아버지에게 말했다.

"아버지! 이제 저도 결혼할 때가 되었어요. 이웃 큰 마을에 가서 부잣집 딸에게 혼담을 넣어 보세요."

"알았다, 갔다 오마."

이틀을 걸어 이웃 마을에 도착해 부잣집에 들어갔다.

"딸과 제 아들을 결혼시키지 않으렵니까?"

"딸아이에게 물어봐야겠죠."

노인을 자신의 뒤에 있는 모피 방석에 앉힌 뒤 손뼉을 치면서 하인들에게 소리쳤다.

"이봐, 딸을 데리고 와!"

딸이 왔다. 예쁘지도 못생기지도 않았는데 무척 도도했다. 아버지가 딸에게 말했다.

"내 뒤에 앉은 사람을 잘 보거라. 저 사람의 아들에게 시집을 가겠느냐?"

딸은 흘낏 쳐다보고 나서 코웃음을 치더니 금기야 나무수저로 무릎을 탁탁 치면서 소리를 질렀다.

"저와 수준이 맞지 않아요! 될 법한 이야기를 하세요."

그리고 노인에게 인사도 없이 쌩하니 그곳을 나갔고 부자 아버지도 비웃으면서 노인에게 이죽거렸다.

"제 딸의 말을 잘 들으셨죠?"

다시 손뼉을 치니 하인들이 달려왔다.

"이 노인을 집 밖으로 내쫓아. 발로 차서 아주 멀리 내쫓아! 여기가 어디라고 청혼을 하러 와. 주제 파악도 못 하고. 이제는 어떤 집에 가서 청혼을 해야 하는지 깨달았겠지!"

노인은 너무 창피해 눈물을 흘리면서 집에 돌아와 아들에게 부잣집에 가서 겪은 수모를 낱낱이 들려주었다. 아들은 피식 웃기만 할 뿐 아무 말도 하지 않았다.

"식사를 하시고 쉬세요! 내일 다시 가 보세요!"

"뭐 때문에 또 가? 이런 모욕을 또 참으라고?"

"걱정하지 마세요! 이번에는 완전히 달라질 거예요!"

아침에 낡은 지팡이를 들어 집의 기둥에다 살짝 두드리니 지팡이가 은으로 바뀌었다. 낡은 모피를 들어 살짝 털었더니 흑담비 모피로 변했다. 아들은 아버지의 손에 은 지팡이를 쥐여 주었다. 노인은 다시 이웃 마을로 갔다. 며칠 전에 갔던 그 부잣집에 다시 갔는데도 노인이 왔다 간 사실을 기억하지 못하는지 부자는 벌떡 뛰어 일어나 머리가 땅에 닿게 인사를 했다. 부자는 노인이 입은 비싼 모피를 여태 한 번도 입어 본 적이 없었다. 하물며 은 지팡이야 말해 무엇하리! 귀한 손님이라며 모닥불 오른쪽에 앉힌 뒤 딸을 불렀다.

"보거라. 내 오른쪽에 누가 앉아 계신다. 저분의 아들과 결혼을 하겠느냐?"

딸은 노인을 보더니 방긋방긋 미소를 지었다.

"아버지! 아버지의 뜻대로 하세요! 저는 기쁜 마음으로 가겠습니다."

노인이 일어났다.

"자, 이제는 집에 가서 아들에게 당신들이 청혼을 받아들였다고 말하겠소. 기다리시오. 곧 아들과 함께 오겠소."

노인은 기쁜 소식을 아들에게 빨리 알려 주고 싶었다. 얼마나 빨리 걸었는지 숨소리도 들리지 않았다. 아들은 아버지의 말을 듣더니 회심의 미소를 지었다.

"눈이 빠지게 기다리게 내버려 두십시오. 저는 흑담비 모피가 아니라 저를 사랑해 줄 사람을 아내로 맞이할 겁니다."

다음 날 아들은 떠날 채비를 했다. 아름다운 옷을 입고 검은색 바다표범 모피를 걸쳤다. 화려한 무늬를 수놓은 각반을 대고 부드러운 신발을 신고 활을 멨다. 나무에서 뻐꾸기가 날아와 청년의 어깨에 앉자 함께 길을 떠났다. 어디로 왜 가는지 청년도 잘 몰랐다. 사냥을 하러 가는 건지, 아내를 데리러 가는 건지….

이른 시간에 집을 나섰다. 해가 막 자신의 황금 사슬을 밟고 하늘로 올라가려는 찰나였다. 청년은 떠오르는 해의 황금 사슬에 올라가서 사슬을 밟으며 걸어갔다. 잠시 후 앞에 산이 보이자 뻐꾸기에게 말했다.

"저 산꼭대기에는 올라가고 싶지 않아. 완전 벌거숭이잖아."

청년은 태양의 사슬에서 산 중턱으로 뛰어내려 주위를 둘러보았다. 나무가 무성했고 조금 위쪽의 바위 밑에서는 샘이 솟고 있었다. 샘에서 시작되는 개울이 맑은 소리를 내며 아래로 흐르고 있었다. 하지만 사람은 살지 않는 것 같았다. 그러면 동물은 많을 것이다.

"자, 사냥을 해야겠어!"

먼저 오랫동안 마음 편히 머무르기 위해 자작나무로 집을 지었고 돌난로도 만들었다. 그다음 새와 동물을 잡을 덫을 설치했다. 어스름이 깔릴 무렵 집으로 돌아와 장작을 패기 시작했다. 그때 멀지 않은 나무에 앉아 있던 뻐꾸기가 세 번 뻐꾹거렸다.

'왜 그러지?'

뻐꾸기 소리가 잠잠해지자 여인의 목소리가 들렸다.

"아하! 이제야 뻐꾸기가 운 이유를 알았네."

노랫소리는 산 위에서 들리는가 싶었는데 점점 아래쪽으로 내려왔다. 청년은 태연무심한 듯 바라보았다. 여인이 개울 쪽으로 내려오면서 노래를 부르고 있었다. 여인의 옷 스치는 소리, 옷에 매단 작은 방울 소리가 가까이에서 들렸다. 어머나! 세상에! 웬 장식품은 그렇게 많이 달고 있는지! 어머나! 세상에! 옷은 어찌 그리 잘 차려입었는지! 어머나! 세상에! 이렇게 아름다운 아가씨가 있다니! 검은 눈썹은 흑담비 두 마리와 같고 속눈썹은 겨울 다람쥐 귀 털 같고 두 갈래 머리는 검은 여우의 꼬리 같았다.

청년은 장작 패던 일을 그만두고 여인이 산에서 내려오는 모습, 여인이 개울에 와서 물 긷는 모습을 지켜보았다. 물을 떠서 양동이에 붓더니…. 떠나려 했다! 청년은 도끼를 아무렇게나 던져두고 여인에게 달려갔다. 여인의 손을 잡은 뒤 눈을 감았다. 청년도 자신의 대담함에 사뭇 놀랐다. 여인의 손을 잡고 놓아주지 않았다. 오랫동안 그렇게 서 있었다. 눈을 뜨고 보니 청년이 잡고 있는 것은 부러진 전나무 가지였고 치렁치렁 달린 장식품으로 아름다운 소리를 내던 여인은 이미 산으로 올라간 뒤였다. 여인의 청아한 노랫소리만 멀리서 아스라이 울려 퍼졌다.

청년은 집으로 돌아왔지만 장작도 패지 않았고 불도 지피지 않았으며 음식도 만들지 않았다. 누워서 자는 둥 마는 둥 아침이 되기만 기다렸다.

날이 밝았지만 덫을 볼 생각은 처음부터 접었다. 개울을 떠나고 싶지 않았다. 다른 데 간 사이 여인이 물을 길으러 오면 어떻게 하나…. 오로지 이 걱정뿐이었다. 온종일 기다렸고 뻐꾸기에게 오늘 여인을 보았냐고 물었다. 뻐꾸기는 아무런 대답도 하지 않았다. 해가 서산으로 넘어갈 즈음 청년의 물음에는 대답이 없던 뻐꾸기가 다시 세 번 뻐꾹뻐꾹

했다.

여인이 나타나자 빼꾸기는 이번에도 울음을 멈추었다. 어제처럼 여인은 개울에 와서 한 통 가득 물을 담아 옆에 놓은 뒤 사슬 장식이 있는 담뱃갑에서 담배를 꺼내 긴 파이프에 불을 붙였다. 청년은 여인을 바라보면서 생각했다.

'저 여인을 안아 보지도 못하고 사랑한다는 말도 한 마디 못 하면 심장이 터져서 죽고 말 거야!'

여우가 자고새에게 다가가듯 몰래 다가갔다. 여인은 청년은 아예 돌아보지도 않았고 담배를 피우면서 골똘히 생각에 잠겨 있었다. 청년은 옆에 가서 여인을 안았다. 여인이 청년의 손을 뿌리치려다 둘이 개울에 함께 떨어졌다. 그럼에도 청년은 여인을 놓아주지 않았고 오히려 더 세게 껴안았다. 여인의 눈을 보려고 눈을 뜬 순간 청년은 자신이 안고 있는 것이 여인이 아니라 개울 밑의 하얀 돌이라는 사실을 깨달았다. 기슭으로 올라갔을 때 여인의 목소리는 이미 산 위에 걸려 있었다. 여인은 낮고 은은한 목소리로 노래를 부르고 있었다. 청년은 여인의 뒤를 쫓아가지 않았다. 화가 났고 기분이 상했다. 집에 들어가 불 옆에 앉아 씩씩거리면서 젖은 옷을 말렸다.

"죽어야겠어! 다른 곳에 가서 사냥을 해야겠어. 사냥하러 다니는 것도 괴로운데 여인에게 놀림이나 당하다니!"

옷을 말린 후 청년은 덫을 보러 숲으로 갔다. 아무것도 잡히지 않았다. 청년은 화가 머리끝까지 치밀었다. 덫을 걷어 집으로 가지고 갔다. 떠나기로 마음먹었지만 심장이 가만있지 않았다. 여인 때문에 심히 괴로웠다. 밤새 한숨도 못 잤다. 새벽녘에 뻐꾸기가 세 번 울었다. 청년이 여인에게 소리쳤다.

"무엇 때문에 나를 괴롭히는 거요! 뻐꾸기 소리는 뻐꾸기 소리일 뿐! 절대 나가지 않겠소! 이제 이곳을 떠날 것이오!"

벽 쪽으로 몸을 돌린 채 눈을 감고 짐짓 자는 척했다. 갑자기 집 뒤에서 장식품이 짤랑거리는 소리가 들렸다. 여인은 조용히 들어와 청년의 머리맡에 앉았다. 청년은 몸을 돌리지 않은 채 쌀쌀맞게 여인에게 물었다.

"왜 왔소?"

"개울에서 지금 내가 물을 긷고 있다고 뻐꾸기가 세 번 울면서 당신에게 알려 주었습니다. 그런데 왜 제게 오지 않았죠?"

"도대체 왜 나를 괴롭히는 거요? 내가 헛것을 봤다고 나를 비웃는 거요 뭐요? 되도 않는 욕심을 낸다고 나를 능멸하는 거요? 대체 뭐요?"

"당신은 쓸데없이 자신을 괴롭히면서 비웃고 있어요. 저는 자유로운 산의 여인이랍니다. 누군가를 사랑하게 되면 제가 직접 찾아가지요. 그래서 이렇게 직접 왔답니다."

"당신은 내게 필요치 않아요! 당신을 보고 싶지 않아요! 당신을 알고 싶지도 않아요! 내 덫은 당신 때문에 텅 비었어요. 동물들은 내 화살을 피해 가고 있소."

여인은 조용히 집을 나갔고 청년은 눈물을 흘렸다.

"무슨 짓을 한 거야? 도대체 왜 쫓아낸 거지? 내 행복을 내 손으로 내치다니!"

여인은 떠난 것이 아니었다. 얇은 자작나무 벽 뒤에 앉아 한숨을 쉬면서 이렇게 말을 했다.

"나를 버리고 가도 좋아요. 저는 늘 당신만 생각할 겁니다. 당신이 밟고 지나간 곳을 지나다니면서 당신의 체온을 느낄 겁니다. 개울에는 이미 당신의 그림자가 있어요. 물 위에도 당신의 그림자가 있답니다. 어두운 개울에서 당신을 생각하면서 물을 마실 거예요. 숲에서 가장 높은 나무는 멀리서도 잘 보입니다. 당신은 이 세상에서 가장 뛰어나고 가장 아름다워요. 제발… 저를 아내로 데려가 주세요! 당신의 허리춤에 걸려 있는 작은 자루가 되고 싶어요. 당신 배의 노가 되고 싶어요. 당신 활의 화살이 되고 싶고 당신 옷의 장식품이 되고 싶어요…."

청년은 더 이상 참을 수가 없었다. 기분이 상했던 것은 싹 잊어버리고 집에서 뛰쳐나와 여인에게 갔다.

"그 노래는 누구를 위한 것이오? 나를 위한 것이오?"

"당신의 심장이 말해 주고 있습니다."

"길 떠날 준비하는 데 오래 걸리겠소?"

"아니오! 지금 당장 떠나요!"

둘이 부모님께 와서 함께 살았다. 산 여인과 결혼한 청년보다 운이 좋은 사냥꾼은 없을 것이다…. 정말 많은 사냥물을 집으로 끌고 왔다.

불행을 자초한 남자

한 남자가 부모도, 형제도, 아내도, 자식도 없이 혼자 살았다. 더 이상 무료함을 견딜 수가 없었다. 사람이 그리웠다. 결혼을 하기로 작정하고 아내를 구하러 이웃 마을로 갔다. 마을 어귀 첫 번째 집으로 들어갔다. 생선을 말리느라 한창 분주했는데 젊은 아가씨가 여인들 틈에 쭈그려 앉아 연어 손질을 하고 있었다. 말리기 좋게 연어 한 마리를 다섯 조각으로 자르고 있었는데 일을 잘할 뿐만 아니라 솜씨도 좋고 민첩했다. 남자는 아가씨가 무척 마음에 들었다. 남자는 아가씨 옆에 앉아 주머니에서 담뱃갑을 꺼내 담배를 피워 물었다.

"아가씨! 참 지혜롭게 보여요. 일도 무척 잘하는군요."

부끄러워진 아가씨는 몸을 돌린 채 생긋 미소를 지었다. 남자가 다시 아가씨에게 말했다.

"저는 옆 마을에서 왔습니다. 여기에 사나요? 아니면 아가씨 집은 어디예요?"

아가씨는 생끗이 웃으면서 말했다.

"마을 위쪽 맨 끝 집을 찾으세요. 그 앞 집이 제 집입니다."

"누구랑 사세요? 혼자 사세요? 아니면 가족들이랑 사세요? 아가씨 집에서 가서 청혼을 할 작정이오."

아가씨는 수줍은 듯 고개를 아래로 숙이면서 말했다.

"언니 오빠들과 함께 삽니다."

남자는 아가씨가 알려 준 집을 찾아가서 문을 열었다. 사람들은 모닥불 옆에 앉아 각자 맡은 일을 하느라 정신이 없었다. 오빠들은 화살촉을 갈고 있었고 언니들은 바다표범 가죽으로 신발을 만들고 있었다. 남자가 말했다.

"놀러 왔습니다. 방금 여동생을 만났습니다. 여동생과 결혼하고 싶소."

언니 오빠들이 침묵 속에 의아한 표정으로 손님을 쳐다보자 남자가 다시 말했다.

"여동생을 제게 주십시오. 행복하게 살겠습니다."

큰오빠가 대답했다.

"좋소! 여동생의 허락을 얻을 수 있으면 결혼해도 좋소."

남자는 환희의 미소를 지었고 언니 오빠들은 그런 남자의 모습을 보면서 얼굴을 펴고 싱긋 웃었다. 큰언니가 모닥불에 주전자를 얹어 차를 끓였다. 잠시 후 신선한 말린 생선을 차에 곁들여 먹으면서 서로에 대해 많은 것을 물어보았다. 그렇게 난로 옆에서 제법 오랫동안 앉아 이야기꽃을 피웠는데…. 저녁 무렵 큰오빠가 여동생에게 물었다.

"저 손님과 결혼을 할 테냐?"

아가씨는 무척 쑥스러워하면서 빙그레 미소만 지을 뿐 한 마디도 하지 않았다. 남자가 말을 했다.

"저와 결혼해 주십시오! 허락한다면 나를 똑바로 쳐다보세요. 같은 파이프로 함께 담배를 피우고 같은 잔으로 차를 마시며 말린 생선을 먹은 뒤 우리 집에 가서 노년이 올 때까지 영원히 함께 삽시다."

침묵을 지키던 아가씨가 남자에게 다가가 물었다.

"언제나 저를 사랑할 수 있습니까? 영원히 좋은 남편이 되어 주실 수 있습니까? 아이가 태어나면 좋은 아버지가 되어 주실 수 있습니까?"

"그렇소! 늙어서도 당신을 사랑할 것이고 좋은 남편 좋은 아버지가 될 것이오."

아가씨는 손으로 남자의 파이프를 끌어당겨 같이 담배를 피웠고 같은 찻잔으로 차를 마셨다. 다음 날 남자와 아가씨는 남자의 집으로 가서 함께 살기 시작했다.

1년 뒤 아들이 태어났다. 엄마는 무척 기뻐했다. 모유를 먹였고 토끼 가죽으로 몸을 닦아 주었으며 자그마한 귀에 대고 잔잔하고 평온한 노래를 불러 주었다. 남편은 바다짐승과 산짐승 사냥을 다녔고 무척 많은 사냥물을 집으로 가지고 왔다. 그렇게 몇 년이 흘렀다. 아들은 이미 소년이 되었고 장난감 화살을 만들어 쏴 보고는 했다. 어느 날부터 타이가에 갔던 남편이 빈손으로 돌아오기 시작했다. 그렇게 며칠이 지나자 집에 먹을거리가 거의 없어지고 말았다. 아내는 무척 우울했다.

"행복이 당신에게 등을 돌린 건 아닐까요? 빈손으로 오는 날이 부쩍 늘었어요."

남편은 아무 말 없이 침대에 가서 자는 시늉을 했다. 다음 날 다시 타이가로 간 남편은 작은 토끼 고기 한 조각을 집에 가지고 와서 아이에게만 주었다. 아내가 물었다.

"행복이 당신에게 등을 돌린 건 아닐까요? 사냥물을 어디에 숨겨 둔 건 아니죠?"

그 말을 들은 남편은 격하게 화를 내면서 아내를 심하게 때렸다. 이후 남편과 아내는 더 이상 말을 섞지 않았다. 그 날부터 남편은 나쁜 사람으로 변해 갔다. 살찐 동물이든 살이 없는 동물이든 모두 혼자만 먹었고 동물을 사냥하면 타이가에 숨겨 두었다. 아내는 고픈 배를 움켜쥐면서 흐느꼈고 아이는 굶주림에 지쳐 눈물을 흘렸지만 누구도 아버지 마음속의 동정심을 꺼낼 수가 없었다….

어느 날 사흘 동안 남편이 돌아오지 않았다. 간절히 기도하며 기다렸지만 돌아올 기미는 보이지 않았다. 아내는 하루가 다르게 병색이 깊어 갔다. 힘들게 침대에서 일어나 아이에게 옷을 입혀 바닷가로 나갔다. 아이가 물었다.

"엄마, 우리 어디로 가는 거예요?"

"엄마 친정 마을로 가는 길을 가르쳐 주마. 너 혼자 그곳으로 가거라. 마을 위쪽 맨 끝에 있는 집을 찾아라. 그 앞에 있는 집이 네 외갓집이란다. 거기에 가서 먹을 것을 달라 하고 재워 달라고 해라. 나는 더 이상 힘이 없구나. 나는 타이가로 들어가 죽음을 맞이할 것이다."

아이는 슬픔이 복받쳐 눈물을 주체할 수 없었지만 엄마의 말을 따랐다. 엄마가 가르쳐 준 길을 따라갔다. 엄마도 하염없이 눈물을 흘리며 그 자리에 꼼짝도 않고 서서 사라져 가는 아이의 뒷모습을 처연하게 바라보았다.

저녁 무렵 남자가 사냥에서 돌아왔다. 집에 들어가니 아내도 아이도 없었다. 밤늦도록 기다렸으나 돌아오지 않았다. 그제야 남자는 회환의 눈물을 흘리면서 주먹으로 머리를 쳤다.

"어디에서 아내를 찾아야 하나? 어디에서 아들을 찾아야 한단 말이냐? 내가 나쁜 놈이라 나를 떠난 것이야."

많은 시간이 흘렀다. 어느 여름날 남자가 타이가에서 사냥을 하고 있었다. 너무 피곤해 큰 전나무 밑에 앉아 잠시 쉬며 아내와 아들을 애절히 그리워하면서 시름에 잠겨 있었다. 갑자기 뻐꾸기가 나뭇가지에 앉아 몇 번 뻐꾹거리더니 이내 사람처럼 말을 했다.

"남편! 어째서 그렇게 슬픈 표정으로 앉아 있나요? 어째서 흐르는 눈물을 닦지도 않은 채 눈물을 흘리고 있나요? 이제는 가족이 없으니 홀가분하잖아요. 동물을 잡아 아무 걱정 없이 혼자 먹으면 되잖아요. 이제 집에는 배고파 우는 사람도 없고 사냥 동물을 기다리는 사람도 없잖아요. 아들은 더 이상 볼 수 없을 것이고 아내는 숲에 살면서 뻐꾹뻐꾹 노래를 부르고 있어요."

이 말을 들은 남자는 믿을 수가 없었다.

"너는 내 아내지, 그렇지? 내 아내라면 사람으로 변해 나와 아들에게 돌아와 다오!"

"뻐꾹 뻐꾹 뻐꾹! 나는 더 이상 당신의 아내가 아니에요. 나는 죽음의 제국으로 들어갔어요. 아이에 대해서는 말을 해 줄 수가 없어요. 혼자 사세요. 당신 소원대로 기름진 고기든 말라비틀어진 고기든 혼자 맛있게 드세요. 뻐꾹 뻐꾹 뻐꾹…!"

남자는 혼자 살았다. 많은 시간이 지났지만 남자는 여전히 슬펐고 자나 깨나 눈물을 흘렸으며 아내와 아들을 오매불망 잊을 수가 없었다. 어느 날 잘생긴 청년이 남자의 집에 오더니 묵묵히 앞쪽 침대에 가서 앉았다. 남자는 이미 백발이 성성한 노인이 되었다. 뚫어지게 쳐다보던 노인은 이내 청년이 아들임을 알아챘다. 기쁨을 못 이겨 눈물을 흘리면서 아들에게 손을 내밀었다. 아들은 아무 말 없이 문턱으로 걸어가 멈추어 서더니 아버지에게 말했다.

"아버지! 왜 그렇게 우세요? 이제는 울 이유가 없잖아요. 고기가 부족해서 그러세요? 그렇다면 제가 바다짐승과 산짐승 사냥을 해서 갖다드리겠어요."

그렇게 말을 한 뒤 곧장 타이가로 갔다. 빼꾸기가 아버지에게 말을 걸었던 전나무로 가서 튼튼한 나뭇가지를 잘라 땅속에 꽂았다가 다시 빼냈더니 땅에 좁은 틈이 생겼다. 청년이 틈에 다시 나뭇가지를 찔러 넣었다 빼내니 청년이 들어갈 수 있을 만큼 넓어졌다. 청년은 안으로 들어갔다. 처음에는 어두워서 아무것도 보이지 않았다. 잠시 후 눈앞에 작은 호수가 출렁거렸다. 호숫가로 가는데 엄마가 자루를 들고 앞에서 오고 있었다. 엄마는 몸을 구부려 땅에서 연신 무언가를 주워 열심히 주머니에 담고 있었다. 청년이 소리쳤다.

"엄마! 얼굴을 보여 주세요. 엄마를 얼마나 오랫동안 찾아다녔는지 몰라요…."

아들의 목소리를 들은 여인은 화들짝 놀라 달아나기 시작했다. 살아생전 제대로 먹지를 못한 엄마는 힘이 별로 없어 빨리 피로를 느꼈다. 엄마는 이내 땅에 쓰러지면서 얼른 자루를 품 안에 감추었다. 엄마에게 다가간 아들은 엄마의 무릎에 얼굴을 묻었다.

"엄마! 저를 알아보시겠어요?"

"아니, 나는 너를 모른다."

"자루에 있는 게 뭐죠? 이리 주세요!"

"얘야, 안 된다. 절대 안 된다. 네게 보여 줄 수 없다. 네가 혹시라도 잃어버리게 되면 나는 굶어 죽는단다. 나를 가엾이 여기고 아무것도 물어보지 말거라, 제발…."

"엄마! 저와 함께 여기를 나가서 아버지에게로 가요."

"얘야, 안 된다, 절대 안 된다. 너와 함께 갈 수가 없단다. 여기에서만 너를 만날 수 있단다. 나는 땅에서는 살 수가 없단다."

엄마는 머리를 아들의 무릎에 묻고 곤히 잠이 들었다. 그때 아들이 엄마의 품 안에서 자루를 꺼내 보았더니 텅 비어 있었다. 아들은 일어나서 주먹으로 머리를 때렸다. 엄마가 사람의 형상을 하고 있지만 죽은 사람이란 사실을 깨달았다. 이후에도 아들은 엄마에게 무척 여러 번 찾아갔지만 아버지도 잊지 않았다. 바다짐승과 산짐승 사냥을 해서 아버지에게 갖다줬고 겨울을 위해 많은 음식을 저장해 두었다. 청년은 자신이 태어난 집에 살면서 아버지가 돌아가실 때까지 봉양했다.

영원한 사랑꾼 초릴과 촐치나이

니브흐인이 많았을 때 트로미프섬에 타흐타 가문의 초릴과 칠비 가문의 촐치나이가 있었다. 촐치나이가 태어나자 초릴의 엄마는 초릴의 아내라는 징표로 촐치나이의 손에 개털을 묶었다. 촐치나이가 처음으로 주먹을 쥐었을 때 초릴은 흑담비를 잡았다. 촐치나이가 처음으로 칼을 잡고 생선을 다듬던 날 초릴은 생애 처음으로 남자와 사냥꾼으로서 자신의 의사 표현을 했다. 초릴은 촐치나이에게 목각 인형을 만들어 주었고 작은 칼을 주었으며 생선 가죽으로 장식품을 만들어 주었다. 초릴이 만든 물건들은 이 세상 사람의 작품이 아닐 정도로 아름다웠다.

초릴과 촐치나이는 더없이 행복했다. 그런데 섬에 흑사병이 돌았다. 일본 상인들이 일본에서 가지고 왔는지, 친척들이 아무르강에서 날아왔는지, 태풍이 검은 날개에 태워 데리고 왔는지, 물을 타고 혼자서 왔는지 아무도 모른다. 흑사병이 이곳을 떠나 어디로 갔는지도 아무도 모른다. 확실한 것은 올 때는 혼자였지만 갈 때는 많은 니브흐인을 데리고 갔다는 사실이다. 사람이 안 죽은 집이 없었다. 집집마다 눈물이 흘러넘쳤다. 촐치나이의 부모도 흑사병으로 이 세상을 떠났다. 초릴의 부모도 흑사병이 데려갔다. 둘 다 천애 고아가 되었다. 초릴은 촐치나이를 집으로 데리고 와서 함께 살기 시작했다.

초릴은 하루도 빼놓지 않고 사냥물을 집으로 끌고 왔다. 초릴은 훌륭한 사냥꾼이었다. 초릴을 피해 달아날 수 있는 동물은 없었다. 사냥에서 돌아올 때 몇 마리를 잡았는지 세어 볼 수 없을 정도로 사냥의 명수였다. 초릴은 훌륭한 어부였다. 초릴을 피할 수 있는 물고기는 없었다. 물고기잡이에서 돌아올 때면 마을 사람들이 그 뒤에서 잡은 물고기를 끌고 와야 했다. 초릴의 손은 단단했고 눈은 날카로웠으며 얼굴은 신의 조각품처럼 수려했고 목소리는 새가 노래를 부르는 것처럼 낭랑했다. 초릴은 신이 내린 선물 같았다. 초릴을 모르는 사람은 없었다. 초릴은 촐치나이를 위한 모든 것을 직접 만들었다. 어망을 엮었고 자작나무 껍질로 상자를 만들었고 보트, 칼, 창, 장대, 작살, 노, 찻잔 모든 것을 직접 만들었다. 촐치나이의 은거울도 직접 만들었다.

촐치나이는 나날이 아름다워졌다. 눈은 별처럼 빛났고 입술은 오렌지 과즙을 적셔 놓은 것 같았으며 눈썹은 흑담비 두 마리같이 눈 위에 펴져 있었다.

머지않아 촐치나이는 결혼을 해 머리를 두 갈래로 묶을 것이다. 촐치나이를 바라볼 때마다 초릴의 가슴은 두근두근

떨렸다. 초릴은 오래전부터 결혼식을 준비했다. 촐치나이가 초릴에게 물었다.

"초릴! 당신은 어쩜 그렇게 사냥을 잘하죠?"

촐치나이에게 말을 할 때 초릴의 머리는 뒤로 젖혀졌고 목소리는 노래하듯 촉촉해졌다. 그러면 촐치나이의 심장은 금방이라도 멎을 것 같았다.

"내 사랑을 영원히 기억해 주오! 심장이 두근거리고 눈동자가 빛납니다! 다리가 빨라지고 손이 민첩해집니다! 절벽을 올라갔다 내려옵니다! 산과 강을 날아다닙니다! 내 사랑에 대해 항상 기억합니다! 나는 세상에서 가장 강한 사람이 됩니다!"

촐치나이는 마을에서 가장 아름다웠다. 촐치나이의 목소리는 새와 같았다. 촐치나이는 검은 흑담비 모피를 입고 다녔다. 치마는 화려한 바다표범 가죽으로 지어 입었다. 모자는 다람쥐 가죽으로 만들었다. 우연히 촐치나이를 보게 된 우단 힌간 가문의 늙은 알리흐는 도저히 눈을 뗄 수가 없었다. 그날 이후 촐치나이가 마음에서 떠나지 않았다. 촐치나이 생각만 하면 입이 헤벌어졌다. 촐치나이가 마음에 들어도 너무 마음에 들었다.

"애야! 우리 집에 가지 않을래?"

촐치나이가 알리흐를 바라보면서 비웃었다.

"알리흐! 저는 초릴의 약혼녀랍니다! 옆에 태양이 있는데 제가 어떻게 두꺼비한테 눈을 돌리겠어요?"

알리흐는 말문이 막혔고 분노로 입술이 파르르 떨렸다.

"좋다, 네 태양이 얼마나 오래 빛나는지 두고 보자!"

알리흐는 악의에 가득 차서 샤먼 의식을 거행하기로 마음먹었다. 알리흐는 철로 만든 허리띠를 찼다. 알리흐 외 샤먼 의식에 초대된 샤먼 열두 명도 철로 만든 허리띠를 찼다. 알리흐는 누구보다 강한 샤먼이었다.

어느 날 초릴이 곰 사냥을 나갔다. 촐치나이는 초릴을 배웅한 뒤 결혼 예복을 만들고 있었다. 알리흐가 북을 들고 모닥불을 지피면서 샤먼 의식을 거행하기 시작했다. 악령들을 불렀다. 샤먼 의식은 아주 오랫동안 지속되었다.

검은 먹구름이 하늘을 뒤덮었다. 눈보라가 몰아쳤고 눈이 광폭하게 내렸으며 눈기둥이 생기고 회오리바람이 휘몰아치더니 땅 위의 모든 것을 하늘로 들어 올렸다. 주위가 완전히 어두워졌다. 바로 앞에 있는 자신의 손이 안 보일 정도로 크고 무서운 눈보라가 일었다. 무시무시했다! 이런 눈보라는 여태 한 번도 없었다. 니브흐인의 집은 모두 날아갔고 마을이 있던 곳은 허허벌판이 되었으며 숲이 있던 곳은 나뭇가지의 끝부분만 눈 위로 조금 튀어나와 있을 뿐이었다.

초릴은 눈보라를 만났다. 초릴이 가만 보니 사냥을 할 상황이 아니었다. 어떻게 이 상황을 헤쳐나갈 것인가? 초릴은 오랫동안 바람 냄새를 맡으며 빈 굴을 찾기 시작했다. 하지만 암곰이 있는 굴 이외에는 찾을 수가 없었다. 하는 수 없이 초릴은 굴에 들어가 암곰에게 너를 잡으러 온 것이 아니라 눈보라에 쫓겨 할 수 없이 오게 되었다고 말했다. 곰 옆에 누워 몸을 녹인 뒤 스르르 잠이 들었다….

눈보라는 열흘 밤낮 계속되었다. 길은 없어졌고 나무들은 부러졌으며 눈은 하늘까지 쌓였다. 그 뒤 바람이 잠잠해지면서 눈이 잦아들었고 드디어 조용해졌지만 극심한 추위가 들이닥쳤다. 빙판이 깔렸다. 초릴은 잠에서 깨어날 수가 없었다. 꿈에서 산신이 하는 말을 들었다. 곰 굴에서 암곰과 함께 잠을 잔 남자는 곰이 된다는 것이었다. 초릴은 온몸이 부들부들 떨렸다. 빨리 일어나 곰 굴에서 빠져나가고 싶었지만 어찌된 영문인지 잠에서 깨어날 수가 없었다.

초릴이 곰 굴에서 자는 동안 초릴의 몸에서는 곰처럼 털이 자랐고 손발에는 곰의 손톱과 발톱이 자랐다. 초릴은 타이가의 사람인 곰이 되었다. 촐치나이는 약혼자를 기다렸지만 아무리 기다려도 감감무소식이었다. 눈보라가 그쳤고 시간이 흘러갔다. 초릴이 돌아올 때가 이미 훌쩍 지났지만 초릴은 여전히 돌아오지 않았다. 촐치나이는 한없는 슬픔에 잠겨 하염없이 눈물을 흘렸다. 어느 날 알리흐가 촐치나이를 찾아와 손을 잡았다.

“애야, 왜 혼자 있니? 약혼자가 돌아오지 않았구나! 내 집으로 가자.”

촐치나이는 알리흐의 손을 뿌리쳤지만 알리흐가 너무 세게 잡아 당기는 바람에 끌려갈 수밖에 없었다. 촐치나이는 도와 달라고 소리를 질렀다. 사람들이 달려오자 알리흐가 말했다.

“어린 여자애가 혼자 있잖소. 악령이 초릴을 끌고 간 것이 분명해요. 이제 이 아이는 내가 데리고 가겠소. 나는 당신들 생각과는 달리 선량한 사람이오.”

사람들은 입도 벙긋 못 했다. 알리흐에 반대하는 말을 할 용기를 낼 수가 없었다. 알리흐는 촐치나이를 자신의 집으로 끌고 갔다. 알리흐는 침대에 앉아 이마를 찌푸리면서 손가락을 튕겼다. 그러자 열 명이나 되는 그의 아내들이 음식을 준비했다. 물고기를 잘랐고 바다표범 비계, 열매, 쌀을 솥에 넣고 모두 함께 끓였다. 말린 생선을 잘게 썰었다. 색감과 맛을 위해 흰 점토를 첨가했다. 아내들은 알리흐의 입에 먹을 것을 넣어 주었다. 알리흐는 단지 씹고 삼키기만 하면 되었다. 알리흐가 촐치나이에게도 먹으라고 권했지만 촐치나이는 집에서 가지고 온 말린 생선만 먹었다.

겨울이 지났지만 초릴은 여전히 돌아오지 않았다. 매일

알리흐가 촐치나이에게 물었다.

"애야, 이제 곧 머리를 두 갈래로 땋아야 되지 않겠니?"

"아직은 아니에요!"

촐치나이는 이 집에서 빠져나갈 날만 기다렸다. 모두 잠든 어느 으슥한 밤, 사냥복을 입고 초릴이 만들어 준 창, 칼, 빗, 자루를 챙겨 몰래 알리흐의 집을 빠져나와 초릴을 찾으러 갔다. 타이가를 걷던 촐치나이는 눈 언덕 위에 안개가 서린 것을 보았다. 이는 눈 언덕 아래에 곰 굴이 있다는 신호였다.

촐치나이는 너무 지치고 배가 고팠다. 촐치나이는 생각했다.

'곰 굴에 가서 곰을 죽이자. 얼마나 오랫동안 초릴을 찾아다녀야 하는지 알 수가 없잖아. 곰을 죽여 뜨거운 피를 마시면 기운이 넘칠 거야. 게다가 고기는 가지고 다니면서 먹으면 되잖아.'

촐치나이는 눈이 녹은 곳을 골라 창을 찔렀다. 굴에서 곰이 움직이기 시작했다. 곰이 포효하면서 밖으로 기어 나왔는데 굉장히 컸다. 그런데 다른 곰과 달리 털이 은빛이었는데 황홀할 정도로 아름다웠다. 촐치나이는 그렇게 아름다운 곰을 지금껏 한 번도 본 적이 없었다. 눈이 부셨다. 촐치나이는 훌륭한 사냥감을 낚았다고 기뻐했다. 뒤로 물러나 눈

속에 박힌 다리에 더 세게 힘을 주면서 고통을 느끼지 않고 한순간에 곰이 죽을 수 있도록 심장을 향해 창을 던졌다. 그런데 창이 엉뚱한 곳으로 날아가 꽂혔고 창의 손잡이가 심하게 흔들렸다. 촐치나이는 칼을 들어 더 힘차게 곰의 심장을 향해 던졌다. 칼이 엉뚱한 곳으로 날아가면서 곰은 아무런 상처도 입지 않았다. 아! 이제 나는 죽었구나! 촐치나이는 자신의 죽음을 보지 않으려고 두 눈을 질끈 감았다. 그 순간 곰이 말했다.

"촐치나이야! 두려워하지 마. 나는 초릴이야."

"너는 악령이야! 네가 내 칼과 창에 주술을 걸었어!"

"촐치나이야! 아니야! 그건 내가 만든 칼과 창이야. 그들이 나를 기억하기 때문에 나를 찌르지 않는 거야. 나는 초릴이야!"

초릴은 자신이 겪은 모든 일을 들려주었다. 두 사람은 이 모든 것이 촐치나이를 아내로 데려가려는 알리흐의 계략임을 알게 되었다. 이후 어떻게 할 것인지 머리를 맞대고 의논했다. 알리흐가 살아 있는 한 초릴은 곰으로 살아야 한다. 그렇지만 알리흐를 죽일 수 있는 방법도 없다. 정말 엄청난 죄악이다! 도저히 용서할 수가 없다! 초릴이 말했다.

"알리흐에게는 보조 악령이 있어. 그 악령을 죽이면 알리흐도 죽어. 그 악령은 산신의 집 기둥 옆 철 선반 위의 상자

안에서 살고 있어. 석양이 질 때 가야 해. 나는 갈 수가 없어. 살아 있는 곰은 신에게 갈 수가 없거든. 그런데 그곳으로 가는 길은 무척 험난해!"

한참을 생각한 끝에 촐치나이가 말했다.

"산신에게 가서 그 악령을 찾아 이곳에 데리고 와서 죽여야겠어."

초릴은 눈 언덕에 꽂힌 창을 꺼내고 휘어진 칼을 똑바로 편 뒤 촐치나이에게 주었다. 촐치나이는 석양을 맞으며 떠났다. 얼마나 걸었는지 모르겠다. 촐치나이는 걸음을 세지도 않았고 쉬려고 멈추지도 않았다. 강을 건너거나 산을 넘을 때는 창을 타고 날아갔다. 강 아홉 개, 호수 아홉 개, 산 아홉 개를 지나갔다. 자신이 아닌 초릴만 생각했다. 그러다 언뜻 위를 올려다보니 바위산 꼭대기를 구름이 감싸고 있었다. 그런데 이상하게 그 산에는 오르막길도 내리막길도 없었다. 편평한 절벽이 땅에서 하늘까지 쭉 뻗어 있었다. 바위산! 어떻게 해야 저 위로 올라갈 수 있을까? 촐치나이는 초릴의 칼을 들어 절벽에 던졌다.

"제발, 내가 불행에서 벗어날 수 있게 도와줘!"

불꽃이 사방으로 튀었다. 칼이 바위를 뚫으면서 계단을 만들었다. 촐치나이는 계단을 타고 위로 올라갔다. 태양은 이미 오래전에 집으로 돌아갔다. 하늘 사람들이 하늘에서 불을 비추었다. 촐치나이는 내내 초릴의 불행만 생각하면서 이를 악물고 절벽을 올라갔다….

충분히 잠을 자고 일어난 태양이 하늘에 떠올랐다. 하늘 사람들은 불을 껐지만 촐치나이는 아직도 절벽을 올라가고 있었다. 촐치나이의 위에서 악령들이 뛰어다니며 바위를 부수는 바람에 사방으로 불꽃이 튀었다…. 그래도 촐치나이는 전혀 흔들림 없이 계단을 타고 올라갔다. 땅은 보지 않았고 자신에 대해서는 생각하지 않았다. 촐치나이가 마지막 계단을 밟았다. 바위에 대고 칼을 간 뒤 칼집에 넣었다. 아래를 내려다보다 하마터면 떨어질 뻔했다. 땅과 이토록 멀리 떨어져 있을 줄이야! 강들이 실처럼 뻗어 있었고 산은 흑담비 같았다. 촐치나이는 계속 길을 걷다 철 기둥이 떠받치고 있는 크고 높은 집을 발견했다. 집이 얼마나 높은지 머리를 들어도 지붕이 보이지 않았다.

문 앞에는 이무기가 앉아 있었다. 돌 이무기였는데 비늘이 있었고 몸통은 안개에 가려 있어서 머리만 기괴하게 보였다. 세상에 이렇게 큰 이무기가 있다니! 이무기는 초록 눈을 촐치나이에게 고정시킨 채 단 한 번도 끔뻑이지 않았다. 촐치나이의 무릎에 냉기가 돌았고 손이 떨렸다. 저런 놈과 어떻게 싸우지?

그때 촐치나이의 자루가 살랑거렸다. 촐치나이는 자루

에서 바늘을 꺼내 이무기의 눈에 던졌다. 바늘에는 미리 동물 힘줄로 만든 실을 걸어 두었다. 바늘이 이무기의 눈에서 바느질을 시작했다. 위아래를 바삐 오가면서 혼자 바느질을 했다. 냉기가 촐치나이의 허리까지 차올랐고 바늘은 이미 이무기의 한쪽 눈을 다 꿰맨 뒤 다른 쪽 눈을 꿰매기 시작했다. 이무기는 무슨 일인지 이해할 수가 없다는 듯 절레절레 머리를 흔들었다. 도대체 왜 이렇게 눈이 감기지….

바늘이 이무기의 양쪽 눈을 모두 꿰매 버렸다. 촐치나이에게서 냉기가 사라졌다. 촐치나이는 한 걸음 한 걸음 문을 향해 걸어갔다. 촐치나이가 문 앞에 가니 문이 저절로 열렸다. 문을 지나니 또 문이 있었고 그 앞에는 도마뱀이 있었다. 촐치나이는 그런 도마뱀은 난생처음 봤다. 철로 만들어졌는데 검은 아가리를 쩍 벌리고 쌍갈진 혀를 쉴 새 없이 날름거렸다. 도마뱀은 촐치나이를 보면서 숨을 들이켰고 촐치나이는 양다리가 후들거리면서 감각이 없어졌다. 촐치나이는 자루에서 골무를 꺼내 도마뱀의 입에 던졌다. 골무는 도마뱀의 후두에 가서 박혔다. 도마뱀은 몸을 웅크리더니 다시는 숨을 쉬지 못했다. 촐치나이는 얼어붙었던 다리에 온기가 퍼진다고 느끼면서 문으로 갔다. 이번에도 문이 저절로 열렸다.

문 뒤에는 호랑이가 보초를 서고 있었다. 날카로운 이빨이 팔꿈치에 닿을 정도로 길었다. 꼬리로 바닥을 내리치는데 꼬리가 낙엽송만큼 두꺼웠다. 촐치나이는 호랑이의 입에 빗을 던졌다. 빗이 호랑이의 목구멍을 가로막으면서 호랑이는 앞으로도 뒤로도 움직일 수 없게 되었다. 호랑이가 움직일수록, 입을 크게 벌릴수록 빗 옆의 이빨이 더 길어졌다. 호랑이는 가만두지 않겠다는 듯 으르렁거렸지만…. 어쩌겠는가! 촐치나이는 호랑이가 자신을 어떻게 할 수 없다는 사실을 알고 문으로 뛰어갔다. 이번에도 문이 저절로 열렸다.

바로 이 문 뒤에 신의 집이 있었다. 천장에서 무수히 많은 별이 빛나는 것 빼고는 사람의 집과 똑같았다. 창문마다 태양이 비추었으며 침대 옆에는 수없이 많은 모피가 걸려 있었다. 신은 죽어서 땅으로 돌아간 짐승을 사람들이 또 죽이지 못하게 하기 위해 이 모피에 죽은 동물의 영혼을 넣어 두었다.

촐치나이는 주위를 둘러보았다. 기둥이 천장에 닿아 있었다. 기둥 옆에는 철 선반이 있고 그 위에 악령이 사는 상자가 있었다. 침대 가운데 노인이 앉아 있는데 얼굴에서 광채가 났다.

촐치나이는 이 노인이 산신이라는 것을 한눈에 알아차렸다. 무릎을 꿇고 손을 가지런히 내려놓고 다소곳이 앉아 용서를 빌었다. 자신이 얼마나 큰 불행에 처해 있으며 왜 왔는지 샅샅이 이야기했다. 신이 말했다.

"아무리 초릴이라고 해도 안 된다. 훌륭한 사냥꾼은 항상 법을 지켜야 하느니라. 모닥불에 물을 부으면 안 되고, 곰을 칼로 죽이면 안 되고, 뼈를 잘라서도 안 된다. 하지만 그런 불행에 빠졌다는 사실이 참으로 안타깝구나. 너희가 너무 가엾구나. 얘야! 너는 용감하지만 참으로 많은 슬픔을 안고 있구나…. 여기에 온 목적을 이루어야겠지? 너희를 도와주겠다. 자! 봐라! 저 많은 상자에 샤먼의 보조 악령들이 살고 있다. 알리흐의 보조 악령이 누구인지 나는 모른다. 상자에 가서 소리쳐 봐라. 알리흐의 악령아! 주인을 위해 일을 하러 가라! 그러면 악령이 나올 것이다. 그때 악령을 잡도록 해라."

촐치나이는 신이 시키는 대로 했다. 촐치나이가 "알리흐의 악령아! 네 주인을 위해 일을 하러 가라"고 소리를 치니 상자에서 검은 벌레가 폴짝거리면서 튀어나왔다. 촐치나이는 이 벌레를 주먹으로 꽉 잡고는 절벽으로 달려갔다. 귀에서 쌩쌩 바람 소리가 들릴 정도로, 거의 빛의 속도로 아래쪽으로 날아갔다. 얼마나 빨리 날았는지 절벽이 어슴푸레하게 보였다. 촐치나이는 한손으로는 악령을, 한손으로는 날아가는 창을 잡고 있었다. 창은 산, 호수, 강 위를 차례차례 지나 초릴이 기다리는 곳까지 한숨에 날아갔다. 촐치나이는 창에서 내려와 초릴에게 갔다. 초릴이 말했다.

"이제 내가 사람이 되면 내가 입던 곰 가죽을 누군가에게 주어야 하는데 누구에게 주지?"

"한번 생각해 보지 뭐."

그 순간 헐레벌떡 달려오던 알리흐가 촐치나이를 발견하고는 고래고래 소리를 질렀다.

"바로 여기에 있었군! 이 못된 계집애 같으니라고! 겨우 찾아냈어!"

"잘됐군! 네가 나를 찾아왔다는 것은 네 운명이 마지막에 이르렀다는 것이지!"

이 말과 함께 촐치나이는 주먹에 쥐고 있던 악령을 땅에 내던져 밟아 죽였다. 그 순간 알리흐는 눈앞이 아득해지면서 4분의 1의 크기로 쪼그라들었다. 그때 초릴의 곰 가죽이 벗겨지면서 제 발로 알리흐에게 달려가 둘둘 감쌌다. 알리흐는 찍소리도 못 하고 그 자리에서 곰으로 변했다. 이제 알리흐는 어떻게 하나! 어찌하여 초릴과 촐치나이에게 불행을 주려 했단 말인가! 촐치나이가 알리흐에게 창을 던졌다. 놀란 알리흐는 촐치나이를 피해 타이가로 달아났다.

초릴과 촐치나이는 손을 잡고 집으로 갔다. 가는 도중 촐치나이는 머리를 양 갈래로 땋았다. 둘은 부부가 되었고 오래오래 같이 살았으며 마지막 순간까지도 서로를 열렬하게 사랑했다.

알륨카의 아내가 된 니칸스크 왕의 딸

아무르강에 솔로도 호인가라는 니브흐인이 살았다. 개썰매를 스무 대나 가지고 있을 정도로 부자였다. 가난한 사람들은 솔로도를 위해 강에서 물고기를 잡아 생계를 연명했다. 만주인 포로 열 명이 솔로도의 집에서 일을 했다. 버드나무로 밧줄을 만들었으며 쐐기풀로 그물을 엮었다. 포로가 된 니칸스크 아가씨 열 명이 솔로도를 위해 양탄자를 만들었고 옷을 지었으며 음식을 준비했고 열매를 모았다. 솔로도는 창고 열 채에 온갖 재물을 쌓아 두었다.

솔로도가 얼마나 인색한지 상상을 못 할 것이다! 재산이 무척 많은데도 솔로도는 계속 더 모으려 했다. 솔로도의 탐욕은 강이 멀리 갈수록 넓어지는 이치와 같았다. 솔로도는 더 손에 넣을 것이 있는지 찬찬히 살피면서 주위를 돌아다녔다. 원하는 물건을 손에 넣으면 뛸 듯이 기뻐했고 술을 진탕 마시며 즐거워했다.

솔로도에게 알륨카라는 아들이 있었는데 결코 아름답다고는 할 수 없다. 알륨카의 콩알 같은 아름다움도 아버지의 부에서 비롯한 것이었다. 알륨카는 결코 현명한 청년은 아니었는데 쥐꼬리 같은 현명함이 있다면 이마저도 아버지의 부에 뿌리를 둔 것이다. 하지만 솔로도는 습관처럼 이렇게 말했다.

"상관없어! 알륨카에게 부족한 것이 뭐가 있어. 차고 넘치는 재산을 가지고 평생 편하게 살면 되는 거야!"

시간이 흘러 알륨카가 결혼할 나이가 되었다. 엄마는 며느리가 될 아가씨의 손에 끼워 주려고 개털과 엉겅퀴로 반지를 엮어 놓았다. 알륨카는 아내를 찾기 시작했다. 이에 앞서 누구도 따라오지 못할 만큼의 아주 어마어마한 지참금을 준비했다. 알륨카는 이 사실을 자랑스럽게 생각했으며 우쭐거렸다…. 그러다 보니 아무리 예쁜 아가씨를 소개해 줘도 마음에 들지 않았다. 어느 날 한 아가씨를 소개받은 알륨카가 말했다.

"눈이 예쁘지 않아!"

사람들이 알륨카를 나무랐다.

"너는 왜 아가씨를 기분 나쁘게 하니. 네 눈은 한곳에 제대로 초점도 못 맞추는 사시잖니! 네 눈은 완전히 짝짝이잖아! 그런 네가 감히 누구의 눈을 입에 올려!"

그럴 때면 솔로도가 손을 가로저으면서 말했다.

"내 아들은 부자야. 그 아이에게 아름다움은 필요치 않아. 알륨카가 사시가 된 것은 다 이유가 있어. 알륨카는 한 눈으로는 집 전체를 훑어보고, 다른 눈으로는 사람들이 일을 잘하는지 보고 있어. 그러느라 사시가 된 거야."

알륨카에게 다른 아가씨를 소개해 주었더니 팔이 짧아서 싫다고 했다. 사람들이 말했다.

"너는 왜 아가씨를 모욕하니? 너 자신을 봐! 너는 한쪽 팔이 다른 팔보다 훨씬 짧아!"

솔로도가 아들을 두둔하면서 나섰다.

"알륨카의 팔은 짝짝이지. 이건 불행이 아니야. 작은 손으로는 돈을 조금만 쥐고 큰 손으로 큰돈을 쥐면 돼. 어쨌든 돈은 알륨카 손을 빠져나가지 못할 거야."

누구를 소개해 줘도 알륨카의 성에 차지 않았다.

"다리가 휘었어!"

"너는 왜 아가씨를 경멸하니? 네 다리는 바퀴처럼 휘어서 그 사이로 개도 지나갈 수 있겠는데."

솔로도가 아들을 토닥거렸다.

"알륨카의 다리가 휜 게 무슨 문제지? 알륨카는 타이가를 갈 일이 없어. 사람들이 그 아이에게 사냥한 동물을 가져다줄 거니까. 알륨카는 강에 갈 일도 없어. 일꾼들이 물고기를 잡아다 줄 거니까. 알륨카의 다리는 주인의 다리야. 알륨카는 책상다리로 앉아 상인들과 대화를 하게 될 거야. 그저 알륨카가 편하면 돼…."

여기저기 다니면서 여러 아가씨를 소개받았지만 알륨카

는 콧방귀를 뀌었다.

"다들 한결같이 바보 같아!"

사람들은 솔로도의 기분을 상하게 하지 않으려고 말을 아꼈다. 그런데 어떤 아가씨가 알륨카의 마음을 사로잡았다. 알륨카는 날아갈 것처럼 들떴다.

피부는 어린 자작나무처럼 하얗고 무릎까지 내려온 머리는 짙은 밤처럼 까맣고 부드러우면서 빛이 났다. 얼굴은 무척 아름다웠는데 고개를 살짝 옆으로 기울이고 생끗이 미소를 지으면서 사뿐사뿐 걸었다. 이는 눈같이 하얀색이었다. 알륨카가 말했다.

"조금 생각해 보겠어요. 이 아가씨와 결혼을 하고 싶어요."

그런데 솔로도가 인상을 찌푸리면서 말했다.

"저런 아이를 아내로 맞이하다니! 지참금으로 뼈만 주면 될 거 같구나! 내 며느리는 부잣집 아가씨여야 돼!"

결국 알륨카는 니브흐인 가운데서는 아내를 찾지 못했다. 알륨카는 하늘에도 사람들이 사는데 성격이 무척 밝다는 이야기를 들었다. 그들이 땅으로 물을 흘려보내고 눈을 던진다는 이야기를 들은 적이 있다. 하늘 여인들은 별, 달, 태양처럼 아름답고 장난을 좋아한다고 했다. 가끔 땅에 황금 갈고리를 낀 낚싯대를 던져 땅의 사람들을 잡아간다고 했다. 알륨카는 생각했다.

'평범하지 않은 아가씨를 아내로 맞이해야겠어. 하늘 아가씨를 아내로 맞이하자!'

그날 이후 알륨카는 마을을 돌아다닐 때 머리를 위로 추켜올려 하늘만 바라보았다. 땅은 아예 쳐다보지도 않았다. 그러다 넘어져 상처를 입었다. 어느 날 무지개가 마을에 걸렸다. 알륨카는 기뻤다.

"이봐, 하늘에서 낚싯대를 타고 내려온 게 맞지! 나무에 숨어 있다가 하늘 아가씨를 갈고리로 잡아 데리고 와야겠어."

알륨카는 재빠르게 100년이 넘은 소나무로 위로 기어 올라갔다. 안짱다리인데 잘도 올라갔다. 알륨카는 나무 꼭대기에 올라가서 무지개가 움직이는 곳을 바라보았다. 알륨카는 눈을 이리저리 굴리면서 사방을 돌아보느라 정신이 없었다. 그러다 두 눈을 모아 한 나뭇가지를 보았는데 거기에 하늘에서 내려온 황금 갈고리가 걸려 있었다. 있는 힘을 다해 당겼다! 아뿔싸! 나뭇가지가 부러졌다. 알륨카는 땅으로 날아갔는데 눈에서 불꽃이 튈 정도로 땅에 세게 부딪히면서 정신을 잃었다.

"에이, 이게 뭐야! 황금 갈고리를 제대로 잡아 보지도 못했어!"

알륨카가 황금 갈고리를 잡다 떨어지는 광경을 본 아버

지는 또다시 그런 일이 생기면 어떻게 하나 고민이 깊었다. 할 수 없다. 아들에게 빨리 짝을 붙여 줘야겠다! 아들과 니칸스크 왕국에 가서 며느리를 구하기로 마음먹었다. 게다가 니칸스크에서는 아들에게 지참금을 많이 줄 것이라고 생각했다. 깊은 산 너머에 있으니 열매들도 더 달콤하지 않겠는가!

솔로도는 며느리를 맞을 채비를 했다. 흑담비 모피, 수달 모피, 다람쥐 모피. 족제비 모피, 흑갈색 여우 모피를 각각 백 개씩, 바다표범과 곰 모피를 각각 열 개씩 준비했다. 아직 솔로도의 가문에서 며느리에게 그렇게 많은 지참금을 준 적이 없었다. 그만큼 솔로도는 최고의 며느리를 찾고 싶었다. 주변 사람들은 절레절레 고개를 저었다. 하지만 솔로도는 완강했다.

"엄청나게 많은 지참금을 주고라도 왕의 딸을 알륨카의 아내로 데려오고야 말겠어!"

알륨카는 뛸 듯이 기뻤다. 무엇을 더 바라겠는가! 아직 니브흐인 중 왕의 딸과 결혼한 사람은 없지 않은가…!

솔로도는 며느리를 구하러 길을 나섰다. 아무르강을 따라 위쪽으로 올라갔다. 아무르강의 푸른 물이 쑹화강과 만나는 곳에 이르렀다. 쑹화강에서 길을 틀어 니칸스크 왕국으로 갔다. 오랫동안 가면서 많은 사람들을 만났다. 니칸스크 사람들이 강가로 나와 솔로도와 아들을 쳐다보았다. 알륨카가 아버지에게 물었다.

"얼마나 더 가야 되죠? 벼룩이 여기저기 뛰어다녀요…."

솔로도와 아들은 가기도 전에 이미 기진맥진했다. 드디어 도착했다. 고생한 보람이 있었다. 니칸스크에서는 그들을 귀한 손님 대하듯 친절하게 맞아 주었다.

"무슨 일로 오신 거죠?"

왕이 직접 솔로도를 맞이하러 나왔고 통역관도 붙여 주었다. 솔로도가 아들에게 말했다.

"이렇게 융성한 대접을 받아 본 적이 있니? 부자는 세상 모든 사람이 친척이란다!"

며칠 동안 부자는 분에 안 맞을 만큼 호사스러운 대접을 받았다. 알륨카는 거리를 둘러보았다. 집이 얼마나 높은지 지붕이 하늘에 닿을 지경이었다. 지붕에는 입을 떡 벌리고 붉은 혓바닥을 쑥 내민 석룡(石龍)이 있었다. 거리는 무척 많은 사람들로 욱시글댔는데 해표의 운집지에 온 것처럼 소란스럽기 이를 데 없었다. 물건을 사고팔고 바꾸고 있었다. 왕이 솔로도에게 바다 벌레, 흑담비 혀, 제비집 등을 권했다. 욕심이 걷잡을 수 없이 꿈틀거렸다. 줄 때 실컷 먹자! 왕이 솔로도에게 말했다.

"당신들에게 이 나라에서 집안도 가장 훌륭하고 미모도

가장 빼어난 아가씨들을 보여 주겠소!"

"좋소! 가장 훌륭한 아가씨로 보여 주시오. 우리가 가져온 지참금에 합당한 아가씨들을 보여 주시오. 혼인이 성사되면 바로 이곳을 떠나겠소!"

왕은 아가씨들을 보여 주기로 했다. 어마어마하게 웅장한 집으로 갔다. 그러고는 다채로운 유리 창문이 100개나 있는 크고 휘황찬란한 방으로 갔다. 방에는 눈이 부실 만큼 어여쁜 아가씨들이 줄지어 서 있었다. 알륨카는 아가씨들을 하나하나 살펴보았다. 아가씨들 뒤에는 하인들도 같이 서 있었고 뒤에는 지참금이 산더미처럼 쌓여 있었다.

솔로도는 가장 먼저 하인들이 건장한지를 살폈다. 알륨카는 아가씨들을 보면서 눈이 휘둥그레졌다. 가장 예쁘고 부유해 보이는 아가씨를 골라야겠지! 그런데 모두 얼굴을 베일로 가리고 있었다. 알륨카가 왕에게 말했다.

"얼굴을 좀 보여 주오!"

"그건 안 되오. 왕의 딸을 보게 되면 눈이 멀게 됩니다."

솔로도가 탐욕에 몸을 떨면서 아들에게 말했다.

"모두 괜찮아 보인다. 그러니 지참금을 보고 고르도록 해라."

솔로도와 아들은 거의 마지막에 이르러 하인이 두 명인 아가씨를 발견했다. 솔로도는 기쁨을 주체하지 못해 하마터면 펄쩍펄쩍 뛸 뻔했다. 아들의 귀에 속삭였다.

"이 아가씨로 결정하자. 왕의 딸 중 가장 훌륭한 것 같구나."

솔로도는 가지고 온 지참금을 모두 주고 아가씨를 데리고 왔다. 왕은 아가씨의 지참금으로 비단, 차, 쌀, 밀가루 1년 치가 실린 돛이 두 활인 큰 배를 주었다. 하인들이 아가씨를 손으로 들고 가면서 말했다.

"우리 아가씨는 걸을 수 없습니다. 다리가 너무 짧아 땅을 밟을 수가 없답니다!"

그게 무슨 상관이냐! 솔로도는 아가씨의 옷에서 눈을 떼지 못했다. 옷에는 황금 용이 장식되어 있었고 북, 새, 꽃 장식이 있는 모자를 쓰고 있었다. 손가락에서는 은반지가 쩔렁거렸으며 손에는 대나무 살에 볏짚으로 만든 종이로 붙이고 황금으로 그린 그림이 있는 부채를 들고 있었다. 알륨카가 아가씨를 보려고 할 때마다 아가씨는 몸을 숨겼다. 알륨카는 약혼녀의 얼굴이 너무 보고 싶었지만 아가씨는 베일을 들지 않았다. 솔로도가 아들을 진정시켰다.

"알륨카야! 집에 갈 때까지 참도록 해라."

솔로도와 알륨카는 집으로 향했다. 쑹화강을 따라 한참을 지나 어느덧 아무르강이 가까워지고 있었는데…. 그때 중국 마적 홍호자의 습격을 받았다. 턱수염은 붉게 물들였고 창은 자신들 키의 두 배 정도로 길었으며 양손에는 긴 칼을 들고 있었다. 까마귀가 날아오듯 배로 날아왔다. 홍호자가 솔로도의 물건을 남김없이 훔쳐 갔다. 홍호자들에게 신부의 지참금으로 받은 물건을 깨끗하게 털렸다. 겨우겨우 목숨만 건졌다. 알륨카의 약혼녀는 여전히 값비싼 옷을 입고 앉아 조금도 움직이지 않았다. 홍호자들이 그녀를 에워싼 뒤 베일을 들었다. 순간 뿔뿔이 흩어지더니 눈 깜짝할 사이 모두 배에서 달아났다. 홍호자들은 노란 돛을 단 자신들의 자그마한 검은 배에 올라타더니 흔적도 없이 사라졌다. 솔로도가 아들에게 말했다.

"보아하니 저자들이 왕의 딸의 미모에 눈이 먼 게 분명하다!"

이야기를 나누면서 강 하류 쪽으로 내려갔다. 솔로도와 아들은 한껏 들떠서 배를 빨리 몰았다. 홍호자들이 약혼녀를 데려가지 않았을 뿐 아니라 건드릴 엄두도 내지 못했다는 사실이 너무 기뻤다. 드디어 의기양양하게 고향 마을로 돌아왔다. 지참금은 가져오지 못했지만 니칸스크 최고의 미인을 알륨카 아내로 데려온 것으로 만족했다. 마을 사람들이 알륨카의 아내를 보기 위해 솔로도의 집으로 옥시글옥시글 몰려들었다. 알륨카가 아내의 베일을 들었다. 마을 사람의 눈이 일제히 알륨카의 아내에게 쏠렸는데…. 도대체 어디에서 온 누구란 말인가! 모두 네 발로 엉금엉금 기어서 솔로도의 집을 빠져나갔다. 알륨카는 마을 사람들이 사방으로 달아나는 것을 보고 아연해졌다. 아내를 바라보았다. 사흘 동안 바라보았다. 제대로 보려고 한쪽 눈을 손으로 가렸다.

아내는 알륨카의 할머닛감으로 적당했다! 알륨카는 집 밖으로 나와 망연자실한 채 털퍼덕 바닥에 주저앉아 담배를 피웠다. 마을 사람들이 자신을 비웃는 소리를 들었다. 왕의 딸을 아내로 데리고 왔다더니! 하하하! 아내가 남편에게 소리쳤다.

"남편! 대체 어디로 간 거요?"

"바람을 쐬고 있소! 당신의 아름다움에 넋을 빼앗겨 병이 났소."

넋이 나간 알륨카는 어디론가 떠났는데 어디로 갔는지 아무도 모른다! 솔로도는 아들을 찾기 위해 개썰매 스무 대를 동서남북으로 보냈지만 결국 찾지 못했다.

삼눈과 세 태양

먼 옛날 사람들은 움집에서 살았다. 어느 부부에게 아들이 태어났는데 하루가 아니라 일초가 다르게 쑥쑥 컸다. 아들의 이름은 삼눈이었다. 아들은 이미 열여덟 살이 되었다. 당시에는 태양이 세 개였다. 태양 때문에 사람들은 살 수가 없었다. 사람들이 태양열로 죽는 일이 허다했다. 아들이 말했다.

"어머니 아버지! 앞으로 어떻게 살죠? 태양이 세 개나 되니 너무 뜨거워서 살 수가 없어요. 어떻게 하면 좋을까요? 어머니 아버지! 태양과 싸우러 가겠어요. 제게 활과 화살을 만들어 주세요."

아버지는 낙엽송으로 활과 화살을 만들어 주면서 말했다.

"아들아! 어떻게 하려고 그러니? 가는 도중 태양열을 이기지 못하고 결국 죽게 될 것이다."

"아버지! 괜찮아요. 그래도 가겠어요. 죽어도 할 수 없어요."

"아들아! 음식을 좀 가지고 가려느냐?"

"아니요! 음식은 안 가지고 가겠어요."

"음식도 없이 어떻게 가려고 하니?"

"괜찮아요. 어떻게 음식을 가지고 가요? 자루에는 말린 생선 한 마리 외에는 더 넣을 수도 없어요. 말린 생선 한 마리면 충분해요. 어머니 아버지! 건강하세요. 3년 뒤에 돌아오겠어요. 3년이 지나도 돌아오지 않으면 제가 죽었다고 생각하시고 너무 슬퍼 마세요."

아침에 일어나 활과 화살을 들고 길을 떠났다. 오랫동안 걸었다. 한낮에 말린 생선을 조금 뜯어 먹고 계속 걸었다. 한참을 걷다 보니 어둠이 내리기 시작했다. 태양이 거의 물러간 뒤 작은 집에 도착했는데 굴뚝에서 연기가 피어나고 있었다. 사람이 살고 있는 것이 분명했다.

집에 가서 문을 열었더니 할머니 한 분만 있었다. 집으로 들어갔다.

"할머니! 하룻밤만 재워 주세요."

"얘야, 네가 삼눈이냐?"

"예!"

"그러도록 해라!"

"삼눈아! 어디로 가는 거냐?"

"할머니! 태양과 싸우러 가요. 태양이 세 개잖아요. 너무 뜨거워서 도저히 사람들이 살 수가 없어요. 아이들은 태어나자마자 태양열을 이기지 못하고 모두 죽어요. 그래서 태양과 싸우러 가요. 할머니! 도와주세요!"

"생각해 보자. 삼눈아! 일단 식사를 하고 자거라."

"할머니! 제게는 먹을 게 없어요."

"말린 생선을 줄 테니 실컷 먹고 자거라. 이른 아침에 깨우마."

아침에 할머니가 삼눈을 깨웠다.

"삼눈아! 일어나라! 빨리 일어나!"

삼눈은 일어나 말린 생선을 먹고 차를 마셨다. 할머니가 말했다.

"삼눈아! 너를 조금이라도 돕고 싶구나. 이걸 받아라."

삼눈은 할머니가 준 것을 받아 들어 자세히 보았다. 공처럼 둥글었는데 빛이 났다. 삼눈은 공을 허리춤에 숨겼다.

"삼눈아! 떠나거라! 밖에 나가서 내가 준 공을 땅 위에 내려놓고 발로 살짝 건드리면 데구루루 굴러갈 것이다."

"할머니! 앞으로도 계속 저를 도와주세요."

밖으로 나간 삼눈은 할머니가 준 공을 땅 위에 올려놓고 뒤를 돌아보았는데 집은 없고 나무 한 그루만 덩그러니 서 있었다. 삼눈은 할머니가 준 공을 발로 살짝 건드렸는데 그 순간 갑자기 정신을 잃었다. 죽었을까? 아니면 무슨 일이 생긴 걸까? 정신을 차리고 보니 귓가에서 굉장한 소리가 울렸다. 주위를 둘러보니 나무보다 높은 곳을 날아가고 있었다.

오랫동안 날았다. 태양은 이미 낮게 깔려 있었다. 앞쪽에서는 황금을 닮은 무언가가 아주 강렬한 빛을 내고 있었다. 황금 집이었다. 집으로 내려간 삼눈은 공을 들어 허리춤에 숨긴 뒤 문을 열고 안으로 들어갔다. 젊은 여인이 혼자 살고 있었다. 여인이 말했다.

"삼눈, 들어와요. 왜 온 거죠? 여기에 온 사람은 당신이 처음이에요."

"태양과 싸우러 갑니다. 태양이 세 개예요. 사람들이 살 수가 없어요. 아이들이 태어나도 더워서 곧 죽어 버려요."

"어머나! 삼눈! 태양과 어떻게 싸우려고 해요?"

"당신이 저를 도와주시면 태양을 죽일 수 있을 거예요. 태양은 사람이에요. 삼 형제죠. 땅 한가운데 사람들과 태양이 같이 살고 있죠."

"내일 아침 일찍 깨우겠어요. 직접 가서 태양과 싸우는 것이 가능한지 잘 생각해 보세요. 일단 식사를 하세요."

배불리 먹고 누워 잠이 들었다. 오랫동안 잤다. 여인이 말했다.

"삼눈! 일어나세요! 빨리요!"

삼눈은 일어나서 식사를 한 뒤 활과 화살을 들고 길을 떠났다. 오랫동안 걸어 드디어 땅의 끝자락에 도착해서 주위를 둘러보았다. 한참 뒤 바다 물속에서 아주 빠른 속도로 태양이 올라왔다. 삼눈이 활을 쏘자 태양이 죽었다. 그 뒤를 이어 다른 태양이 올라왔다. 삼눈이 활을 잘못 쏘는 바람에 화살이 세 번째 태양에게 꽂혔다. 가운데 태양은 그대로 길을 떠났다. 삼눈은 맨 앞과 맨 뒤의 태양을 죽였다.

집으로 되돌아가는 길에 황금 집에 도착해 안으로 들어갔더니 여인이 말했다.

"어머나! 세상에! 삼눈, 당신은 정말 위대한 사람이에요! 식사를 한 뒤 집으로 가세요."

삼눈은 식사를 한 뒤 밖으로 나가 공을 땅에 놓고 발로 건드렸다. 잠을 잔 건지 죽었던 건지 모르겠지만 삼눈은 정신을 잃었다. 정신을 차리고 보니 바람 소리가 쌩쌩 귓가를 스치고 지나갔다. 한참을 날아 작은 집 근처에 도착할 무렵 태양이 거의 가라앉고 있었다. 집에서는 연기가 피어올랐다. 삼눈은 땅에 놓인 공을 들어 허리춤에 숨기고 집으로 들어갔다.

"할머니! 태양 두 개를 죽였어요."

"삼눈아! 정말 잘했다. 이제 아이들이 쑥쑥 자랄 수 있겠구나. 배불리 먹고 편히 자도록 해라."

삼눈은 아주 곤히 잔 뒤 일어났다. 다음 날 아침에 일어나니 태양이 한 개만 떠 있었다. 양쪽에는 죽은 태양이 어렴풋이 보였다. 태양이 하나만 남겨진 이제, 사람들은 아무 걱정 없이 살 수 있을 것이다.

"할머니! 할머니가 도와주시지 않았다면 태양과 싸울 수 없었을 거예요. 그들과 겨룰 엄두조차 못 내었을 거예요. 할머니! 이제 저는 집에 가도 되겠죠?"

"그럼, 되고말고. 내게 공을 돌려주고 빨리 집에 가도록 해라."

삼눈이 공을 꺼내 할머니에게 주자 할머니가 말했다.

"삼눈아! 나는 마법사의 딸이란다. 태양이 하나 남은 이제 사람들은 아무 걱정 없이 살게 될 것이다. 고생했다. 삼눈아! 빨리 집에 가도록 해라."

삼눈은 급히 서둘러 집으로 갔다.

"어머니 아버지, 제가 태양 두 개를 죽였어요. 보세요. 태양의 양옆에 죽은 태양 두 개가 있어요. 이제 사람들은 아무 걱정 없이 살 수 있어요. 어머니 아버지! 저는 사흘 만에 태양에 갔다가 돌아왔어요."

포악한 암곰을 물리친 사냥꾼 테프린

테프린은 주로 타이가에서 살았다. 고향 마을에서 테프린을 본 사람은 불과 몇 명뿐이다. 테프린은 낡은 니브흐식 창인 카흐를 들고 혼자 곰 사냥을 다녔다. 카흐는 젊은 니브흐인은 아예 모르는 무기다. 테프린에게는 크고 날카로운 사냥칼도 있었다. 테프린은 활을 어깨에 메고 다녔다. 테프린이 활을 잘못 쏘아 사냥감을 놓치는 경우는 단 한 번도 없었다. 테프린은 해마다 곰을 네 마리 이상 잡았고 평생 50마리 이상의 곰을 잡았다.

테프린은 운도 좋았지만 무서움이 무엇인지 모르는 영예로운 사냥꾼이었다. 어느 이른 봄 테프린은 타이가에서 곰의 발자국을 발견했다. 테프린은 여러 날을 쫓아다닌 끝에 결국 곰을 죽였다. 태양이 바다로 넘어가면서 밤이 찾아왔다. 테프린은 모닥불을 피워 놓고 담배를 피워 물었다. 그 옆에는 죽은 곰이 누워 있었다. 갑자기 바로 옆에서 정체를 알 수 없는 기분 나쁜 소리와 우당탕탕쾅쾅 우지직 요란한 소리가 들리면서 모닥불이 활활 타올랐다. 무서운 게 없는 테프린은 서너 발자국 떨어진 곳에서 곰의 큰 입을 발견했다. 사냥꾼은 곰 낯짝의 상처 자국을 보고 아주 포악한 놈이란 사실을 알아차렸다. 테프린은 이미 몇 년 동안 이 곰을 찾아다녔다.

그 순간 사냥꾼은 잊고 있던 오래전 기억을 꺼냈다. 사냥꾼에게 최악의 상황은 과거에 공격했던 곰이 다시 사냥꾼을 찾아오는 것이다. 이럴 경우 사냥꾼은 반드시 곰을 죽여야만 한다. 안 그러면 사냥꾼이 죽게 된다. 테프린은 낙엽송 뿌리를 들어 불에 던지면서 칼을 들고 일어났다. 그런데 곰이 모닥불을 피해 강가로 도망을 치더니 어딘가로 숨어 버렸다. 잠시 뒤 테프린은 누군가 끈적끈적한 진흙에 맹렬하게 침을 뱉는 소리, 나뭇가지 갈라지는 소리 등 별의별 소리를 다 들었다.

세상에! 정말 영리한 곰이 아닌가! 곰은 강가의 끈적끈적한 진흙 속을 구르고 있었다. 몸에 진흙을 묻힌 곰은 다시 모닥불로 와서 불에 구르면서 불을 꺼뜨렸다. 테프린은 이 희한한 광경을 자세히 볼 겨를이 없었다. 모닥불이 꺼졌다. 어둠 속에서 곰이 테프린의 다리를 쳐서 넘어뜨렸지만 테프린은 정신을 차려 순간 칼로 곰을 공격했다.

곰은 테프린에게 아주 심각한 상처를 입혔지만 그래도 결국 테프린이 곰을 이겼다. 테프린은 죽은 곰의 살점을 조금 떼어 내고, 풀을 한 줌 뜯고 자작나무를 한 움큼 꺾어 모두 상처에 묶었다. 상처가 금방 아물었다. 이후로도 테프린은 오랫동안 사냥을 했는데 늘 행운이 따라 주었다.

해 설

니브흐인 설화의 특징

본 책에는 니브흐인 이야기 32편이 실려 있다. 동물 이야기 아홉 편, 악령 이야기 일곱 편, 바다 신 이야기 세 편, 지혜롭고 용감한 니브흐인 이야기 열세 편이다. 주제와 모티프에 따라 우주 이야기, 자연신 이야기, 동물 이야기, 악령 이야기, 우뭄즈 니브흐 이야기, 다섯 개로 유형으로 나눌 수 있다.

우주 이야기는 태양, 달, 별, 육지 등의 탄생에 관한 이야기다. 주인공은 이 땅의 평화를 위해 목숨을 건 모험을 감행해 태양, 달, 별, 육지 등을 현재와 같은 모습으로 만든다. 주인공의 모험에는 항상 신적인 존재의 도움이 수반된다. 이를테면 <삼눈과 세 태양>에서는 아주 오래전 태양 세 개의 태양열을 이기지 못해 많은 사람들이 죽는다. 이에 주인공은 사람들이 편히 살 수 있도록 태양 두 개를 죽이기로 결심한다. 주인공 삼눈이 태양을 찾아가서 죽이는 과정에는 신적인 할머니가 중요한 역할을 한다.

자연신 이야기 가운데는 바다 신에 대한 이야기가 특히

널리 퍼져 있는데 이는 니브흐인의 활동 무대가 고대부터 아무르강과 오호츠크해 연안이었다는 사실과 관련이 있다. 이 유형에 속하는 이야기는 '자연신 혹은 자연신의 친족과 니브흐인의 결혼', '아이(특히 아들)의 탄생'이 주된 모티프다. 또 바다 신의 친족은 물고기, 바다표범 등으로 형상화하므로 니브흐인의 바다 동물 토템 사상과도 연결된다. 궁극적으로 자연신 이야기가 전하려는 것은 일상생활이나 사냥에서 지켜야 할 니브흐인의 관습과 전통, 금기 사항에 대한 가르침 등이다. <바다 신의 손녀와 결혼한 청년>에서 주인공은 엄마와 단둘이 살면서 외삼촌들과 함께 물고기 사냥을 다니지만 외삼촌들은 주인공에게 늘 물고기 두 마리만 준다. 주인공은 우연히 바다 신의 딸인 물고기를 구해 주고 그 대가로 바다 신의 손녀와 결혼을 해 아들을 낳고 행복하게 산다. 이 이야기에는 외삼촌들이 가난하고 불쌍한 조카를 사냥에 이용한다는 모티프가 더해지는데 여기에는 니브흐인의 전통적인 생업 구조에 대한 비판 의식이 담겨 있다. <바다 신의 아내가 된 노부부의 딸>에서는 바다 신들이 싸우다 놓고 간 칼을 가지고 온 아버지가 바다 신의 노여움을 사게 된다. 그 탓에 딸은 바다 신의 아내가 되어 아들을 낳고 다시는 부모 곁으로 돌아오지 못한다. 이 이야기는 일상생활에서 터부시 되는 행동을 했을 경우 어떤 형벌을 받게 되는지 말해 준다.

이 유형에는 개인의 삶이 아니라 민족 전체의 삶을 위한 모험, 자연신의 도움이 모티프인 이야기도 포함할 수 있다. <바다 신을 찾아간 용감한 아즈문>에서 아즈문은 아무르강에 흉년이 들어 니브흐인들이 굶어 죽을 위기에 처하자 바다 신 타이르나스를 찾아간다. 이후 아무르강에 물고기 풍년이 들면서 니브흐인의 삶에 평화가 찾아온다.

동물 이야기는 신화적 동물 이야기와 동물의 보은 이야기로 나눌 수 있다. 신화적 동물 이야기에는 곰 이야기가 가장 널리 퍼져 있는데 이는 니브흐인의 곰 토템 사상과 관련이 있다. 이야기 속에서 곰은 니브흐인에게 직접적인 도움을 주는 존재다. <영원한 사랑꾼 초릴과 촐치나이>에서 늙은 샤먼 알리흐는 초릴의 약혼녀 촐치나이에게 마음을 빼앗긴다. 알리흐는 촐치나이를 손에 넣기 위해 계략을 꾸미고 그 탓에 초릴은 타이가에서 눈보라를 만나 죽음의 위험에 처한다. 그때 초릴은 암곰의 굴에 들어가 암곰에게 사정을 말하고 눈보라를 피해 목숨을 구한다.

악령 이야기의 주요 모티프는 악령과 니브흐인의 만남, 자연신의 도움, 귀향, 결혼 등이다. <악령을 만난 아무르강의 뱃사람들>에서 주인공들은 악령을 만나 죽을 위기에 처했으나 우여곡절 끝에 무사히 악령에게서 벗어난다. 하지만 바다에서 길을 잃고 다시 죽음의 위기를 맞이하는데 바다신의 도움으로 무사히 집으로 돌아온다.

때로는 자연신이 아니라 자연신의 물건이 악령을 물리치는 데 도움을 준다. <악령을 죽인 산신의 창>에서 아내를 찾아 나선 주인공은 우연찮게 악령의 공격을 받고 있는 마을에 가게 된다. 하지만 산신의 창을 이용해 악령을 물리치고 마을 아가씨를 아내로 맞이해 집으로 돌아온다. 아이러니하게도 악령의 물건이 악령을 물리치는 데 도움을 주기도 한다. <악령에게서 약혼녀를 구해 온 용감한 임히>에서 주인공 임히는 약혼녀 아흐말코프를 납치해 간 악령을 찾아내 죽이고 약혼녀와 함께 집으로 돌아온다. 이 과정에서 휘파람 악령의 가죽이 주인공에게 큰 도움이 되었다.

마법, 마술의 힘이 악령을 물리치는 데 결정적인 역할을 하기도 한다. <일곱 자매의 비극>에서 악령인지 모르고 눈 속에 묻힌 아이를 데려다 키우던 일곱 자매가 악령에게 잡아먹힐 위기에 처한다. 이때 재, 빗, 숫돌이 먹구름, 낙엽송, 절벽으로 변해 자매가 악령을 벗어나는데 결정적인 역할을 한다.

또한 주인공의 힘과 지혜, 칼과 같은 무기도 악령을 물리치는 데 결정적인 역할을 하기도 한다. <악령을 물리친 무사>에서 주인공은 아버지를 죽인 식인종 악령들과 치열한

격투 끝에 악령들을 모두 죽이면서 아버지의 복수를 성공적으로 마무리한다. <악령을 물리친 청년>에서 주인공은 악령에게 붙잡혔지만 지혜를 이용해 악령을 물리칠 뿐만 아니라 악령에게 잡혀 있던 다른 사람들도 구해 준다. <칼로 악령을 물리친 쿨긴>에서는 쿨긴이 칼을 이용해 니브흐인 아이들을 잡아가는 강치 악령을 죽이면서 마을에 평화가 찾아온다.

동물의 보은 이야기의 주요 모티프는 사냥, 위기에 처한 동물의 구조, 동물의 보은 등이다. 이 유형의 이야기에는 호랑이나 곰과 같이 영험한 동물들이 주로 등장한다. 대개 이런 동물들은 자신을 구해 준 주인공을 자신의 집으로 초대해 선물을 주는데 가끔은 자신의 여동생이나 딸을 주기도 한다. 또 이후 주인공이 윤택한 삶을 살아갈 수 있도록 보이지 않는 곳에서 많은 도움을 준다.

<호랑이 무리를 구해 준 청년>에서 주인공은 사자에게 괴롭힘을 당하는 호랑이 무리를 구해 준 대가로 무척 많은 흑담비를 잡게 되면서 큰 부자가 된다. 이 이야기에서는 꿈이 이야기 전개에 중요한 역할을 하지만 모든 사건이 꿈속에서 이루어지는 것은 아니다. 호랑이가 주인공의 꿈에 나타나 자신들을 사자로부터 구해 달라고 부탁했지만 주인공이 호랑이 무리를 사자로부터 구한 것은 꿈이 아니라 현

실이었다.

<은혜 갚은 호랑이>에서 주인공이 뱀을 만나 죽을 위기에 처한 호랑이를 구해 주자 호랑이는 주인공을 자신의 집으로 데려가 자신의 동생을 선물로 준다. 주인공은 호랑이 여동생과 결혼을 해 집으로 돌아오는데 이후로 집 근처 산이 동물로 가득 차면서 이들은 큰 부자가 되었다.

마지막으로 우뭄즈 니브흐 이야기는 한 편만 소개되고 있지만 독립된 설화로 분류될 만큼 내용이 풍부하다. 이야기의 주인공은 무사 우뭄즈 니브흐며 주요 모티프는 부모나 누나의 실종, 신적인 능력을 가진 동물과의 결혼, 복수다. 주인공의 복수는 목숨을 건 위험천만한 것이지만 복수의 성공에는 신적인 능력을 가진 동물과의 결혼이 중요한 역할을 한다.

<용감한 우뭄즈 니브흐>에서 주인공 우뭄즈 니브흐는 갑자기 사라진 누나를 찾아 하늘로 올라가는데 도중에 여우를 만나 강제로 결혼을 한다. 주인공이 여우 아내를 떠나 누나를 찾아가니 누나는 결혼을 한 상태였다. 주인공을 본 누나는 매형과 힘을 합쳐 주인공을 죽이지만 여우 아내가 나타나 주인공을 다시 살려 내고 주인공은 누나와 매형에게 복수를 한다.

전반적으로 니브흐인 설화의 특징은 환상적인 요소보다는 현실에서 실현 가능한 요소들, 현실에 대한 비판 등이 더

중요하게 다루어진다. '신적인 요소'가 강한 자연신 이야기, 동물 이야기, 악령 이야기도 니브흐인이 처한 삶의 조건 속에서 사건이 전개된다.

니브흐인의 현재 상황

니브흐인은 러시아 아무르강 하류와 사할린섬의 토착 민족으로 역사적으로 퉁구스계의 민족들, 아이누인, 일본인과 인접해서 생활했다. 고대에 이들의 활동 무대는 현재보다 훨씬 넓었을 것으로 추정된다. 니브흐인은 자신들을 '사람들, 인민'이라는 의미로 '니바흐, 니부흐, 니브흐구'라고 부르는데 이는 '사람'이라는 의미의 '니브흐'에서 파생되었다. 한국에서는 길랴크라는 명칭으로 알려져 있는데 이는 6세기경 중국 문헌에서 이들을 '길렬미(吉列迷)'로 명명했던 데서 기인한 것으로 추정된다. 러시아에 니브흐인이 알려진 것은 17세기 이후다.

2010년 러시아연방공화국의 인구조사에 따르면 하바롭스크주 아무르강 하류와 사할린섬 북부 지역에 약 4650명이 생존해 있다. 아무르강 하류의 니브흐인과 사할린섬 북부의 니브흐인은 언어와 문화에서 많은 차이를 보인다. 1945년

이전에는 사할린섬 남부에도 100명 정도 거주했는데 제2차 세계 대전 이후 홋카이도로 이주하면서 현재 일본에는 더 이상 니브흐인이 거주하지 않는다.

니브흐인의 언어

현재 니브흐인은 니브흐어와 러시아어를 주로 사용하지만 니브흐인의 고유 언어는 니브흐어다. 니브흐어는 언어 계통상 고립어 계열인 고아시아 제어(諸語)에 속하며 축치어, 코랴크어와 같은 언어 그룹으로 분류된다. 1932년 키릴 문자에 기초해 니브흐어 문자가 제정되었다. 니브흐어는 아무르 방언, 동사할린 방언, 남사할린 방언, 북사할린 방언으로 나뉘는데, 아무르 방언과 사할린계 방언은 어휘적, 음성적 차이가 매우 크다. 이 때문에 일부 연구자들은 이들을 서로 다른 언어로 분류하기도 한다.

니브흐인의 경제 활동

니브흐인의 기본적인 경제 활동은 어로다. 사시사철 어

로에 종사한다. 주요 어종은 연어, 송어 등이다. 물고기는 옷, 신발, 배의 돛, 개의 먹이 등 니브흐인의 생활에 필요한 많은 것의 재료가 된다. 니브흐인의 주요 경제 활동은 사냥인데 주된 사냥 동물은 곰, 순록, 모피 동물이다. 아무르강 하류의 니브흐인은 봄이 되면 바다표범과 돌고래 등 바다 동물 사냥에 종사한다. 대개 니브흐인은 집 근처에서 사냥을 하다가 저녁이 되면 집으로 돌아온다. 보조적인 경제 활동으로 채집이 있다. 산지에서는 열매, 나리 뿌리, 파, 엉겅퀴 등을, 해변에서는 해초, 조개 등을 채집한다. 또 개 사육이 발달해 개고기를 먹고 개를 교통수단으로 이용하며 샤먼 의식 때 제물로 바친다.

가내 수공업도 발달해 나무로는 스키, 보트, 썰매, 가재도구 등을, 자작나무 껍질로는 식기나 가축우리의 바닥 등을 만들며 골(骨) 가공품, 가죽 제품, 돗자리 만드는 기술이 뛰어나고 야금술도 발달했다.

니브흐인의 의복

니브흐인의 겨울용 남성복과 여성복은 '오크흐'인데 개가죽으로 만들며 폭이 넓고 무릎까지 온다. 남성들은 오크흐 위에 바다표범 가죽으로 만든 '코스케'라는 짧은 치마를 걸친다. 겨울에 여성들은 오크흐 외에 여우 가죽으로 만든 모피를 입기도 한다. 오크흐의 윗부분은 검은색이나 흑갈색 가죽으로 만들고 아랫단에는 어린 개 가죽으로 만든 얇고 부드러운 가죽을 덧댄다. 겨울에는 남녀 모두 모자를 쓰고 다니는데 남성용 모자의 윗부분은 바다표범 가죽으로 만들고 아랫부분에는 여우 털을 댄다. 겨울용 여성의 모자는 투구 모양이며 가장자리에는 검은색이나 파란색 직물로 만든 방울을 매단다.

여름용 남성복은 '라르크흐'인데 흰색, 파란색, 회색 직물로 만든다. 여름용 여성복은 물고기 가죽으로 만든다. 여름에 남자들은 자작나무 껍질이나 직물로 만든 원뿔형 모자를 쓰고 여성들은 모자를 쓰지 않는다. 신발은 바다표범 가죽, 물고기 가죽, 순록 가죽으로 만든다.

니브흐인의 가정

자치권이 있는 가장 작은 사회 단위는 씨족이며 최상급 단위는 씨족장 협의회다. 전통적으로 니브흐인 가정은 부모와 자식으로 이루어지는데 가끔 결혼한 아들들이 부모와 같이 살기도 한다. 따라서 평균 가족 구성원 수는 여섯 명이지만 가끔 15~16명에 달하기도 한다.

아내는 모계 씨족에서 맞이하는데 어머니는 오빠나 남동생의 딸을 며느리로 맞고 싶어 한다. 양가 부모는 아이들이 3~4세가 되면 결혼을 약속하고 아내가 될 여자아이는 미래 남편의 집에서 함께 교육을 받으면서 성장한다. 15~17세가 되면 특별한 의례를 거치지 않고 결혼 생활을 시작한다. 하지만 다른 씨족의 남녀가 결혼하게 되면 중매인을 통한 청혼, 지참금에 대한 협상, 지참금 지불, 시가(媤家) 입주 등 결혼 절차를 정확하게 지킨다.

니브흐인의 전통 신앙

니브흐인의 전통 신앙은 애니미즘으로 하늘, 땅, 물, 타이가, 바다 등 모든 자연물에 영혼이 있다고 믿는다. 타이가의 신은 팔리스며 거대한 곰으로 형상화된다. 바다의 신은 톨리증 혹은 타이르나스며 주로 바다제비로 형상화된다. 이외에 토테미즘과 샤머니즘도 널리 전파되어 있다. 1917년 러시아의 사회주의 체제에 편입된 이후 러시아정교를 수용했지만 전통 신앙도 여전히 유지되고 있다. 아무르강 유역의 다른 민족들과 달리 니브흐인 사이에는 곡(哭)을 하면서 타이가에 거대한 모닥불을 피워 고인을 화장하는 풍습이 발달했다.